前言

产业结构与就业结构之间相互制约、相互影响，存在着复杂的联动性和协调性关系。在健康的市场经济体制发展模式下，要求两者之间相互适应、协调发展。而在现实的经济发展中，产业结构与就业结构经常发生不匹配的现象，无法实现协调发展，当前在中国沿海城市出现的“用工荒”和“大学生就业难”并存的现象就是就业结构和产业结构失衡的一个实例。本书从这一问题出发，进一步分析了这一不匹配问题的深层次原因，综合运用数理统计、回归理论、神经网络等方法，深入研究就业结构和产业结构的发展演进规律，揭示就业结构和产业结构与教育的关联性，具体内容如下：

首先，研究产业结构与就业结构之间的相关性与演进规律。其具体包括：对改革开放以来，即1978—2013年36年的第一、二、三产业产值和就业人数数据进行整理和归纳，详细绘制相关曲线，分析数据在不同年度的变化规律，总结变化幅度较大年份的情况并对原因进行分析，在此基础上根据各产业产值和就业人数比例绘制相关曲线，将整体年度按数据变化特征分为四个时段，针对每个时段进行分析归纳；对

1978—2013年以及1996—2013年的产业结构进行分析，利用散点图、线性回归理论、多项式拟合方法对三次产业产值进行拟合，分析显著水平、判定系数以及估计标准误差等性能指标，对未来三年产业结构数据进行预测；采用相同的理论和方法对就业结构的动态演进规律进行研究，应用一元线性回归理论对1978—2013年36年间第一、二、三产业就业人数数据进行线性拟合，分析相关性能指标，为对当前经济数据进行更为合理而有效的拟合，截取1996—2013年18年间的经济和就业数据，同样应用线性回归理论进行分析，为了提高拟合模型精度，采用多项式理论对数据进行二阶和五阶多项式回归，建立不同精度下的回归拟合模型，采用以上回归模型对未来3年就业结构进行预测；对产业结构与就业结构的相关性进行深入研究，绘制线性回归曲线，计算出产业结构与就业结构9个相关系数，并结合实际经济发展情况对数据和相关系数进行分析，绘制产业结构与就业结构间二次和五次多项式拟合曲线，建立不同精度下的演进模型，揭示产业结构与就业结构的协同变化规律。在此基础上研究产业结构与就业结构的偏离情况，通过相对劳动生产率和结构偏离度两个指标衡量偏离的程度。

其次，提出了考虑结构间耦合效应的产业结构和就业结构神经网络预测方法。其内容包括：在深入研究神经网络理论的基本原理、方法及适用范围的基础上，选取基于径向基函数的神经网络对产业结构和就业结构数据进行训练，提出基于神经网络的就业-产业结构训练模型，研究隐层节点数对预测精度的影响程度，最终选取适当的中间隐含层节点数；对预测模型的有效性进行校验，选取已经发生的数据并预测未发生的数据对预测结果进行检验，研究预测值和真实值的差异，分析造成差异的原因，为基于径向基神经网络的数据预测有效性奠定基础；针对就业结构的特征，根据《中国统计年鉴》和《中国人口统计年鉴》所提供的1996—2013年18年间从业人员数据，分析中国人口和教育政策变化的特点，将就业人群分为“未上过学”、“小学”、“初中”、“高中”和“大专及以上”五种学历结构，确定划分原则和划分依据。研究各种教育程度人数演进变化的规律，通过五种教育程度人数训练神经网络，建立就业结构和产业结构与教育之间的预测模型，研究变量之间的耦合特征，最终提出考虑结构间耦合效应的产业结构和就业结构神经网络预测方法。

再次，深入研究就业结构与教育之间的关联性和作用机理，提出教育改革对就业结构优化的政策建议。其内容为：绘制基于年度的五种教育程度人员的散点图，应用线性回归理论对不同学历程度人员数量进行线性拟合，得到变量间的线性回归模型，在此基础上依据判定系数对线性拟合精度较差的变量进行筛选，进而应用非线性回归方法建立变量间的回归模型，利用多项式回归方法，分别采用二阶、三阶、四阶和五阶函数进行拟合，比较精度提高的幅度与回归多项式的复杂度，在以上分析的基础上对未来各教育程度人员数量进行预测；针对各教育程度人员变量与第一、二、三产业就业人数的相关性开展研究，通过相关系数理论、散点图、多项式回归理论，深入探讨第一、二、三产业就业人数与五种教育程度人员数量的相关性与变化规律；通过引入多元线性回归理论，建立以第一、二、三产业就业人数为因变量，以“未上过学”、“小学”、“初中”、“高中”和“大专及以上”五种学历层次人员数量为自变量的多元回归模型，采用离差平方和等对回归结果进行评价和判定，利用标准化系数对各自变量进行主次因素判断，按重要性大小进行排序，最终深入认识教育结构与就业结构的形成。对以上研究成果进行总结归纳，最终提出教育改革对就业结构优化的政策建议。

最后，研究产业结构与教育之间的关联性和协同机制，提出教育改革推动产业结构升级的政策。其主要包括：采用散点图的方法，分别绘制各教育程度人数与第一、二、三产业产值数据的散点图，对散点图中数据的分布特征进行分析，分析产业结构与各教育程度人数之间的关联性与协同性；对上述数据进行规律性的总结，建立一元线性回归模型，采用显著性水平、相关系数和估计标准误差等性能指标对回归模型进行评价与衡量；采用非线性回归理论，利用多项式进行数据的拟合，采用二阶和五阶的多项式进行建模，分别针对“未上过学”、“小学”、“初中”、“高中”和“大专及以上”五种学历层次人员数量变量进行分析，挖掘各教育程度人数与产业结构两者之间的制约关系和演变规律，为精度的衡量提供相应的测算指标；在上述相关性分析的基础上，对各教育程度人数与产业结构进行多元线性回归，研究产业结构与多个变量之间的协同制约与演进规律。以第一、二、三产业产值为因变量，以五种教育程度人员数量为自变量，建立多元一次线性回归模型，分析回归模型的判定系数，研究模型中截距和斜率的变化特征，利用标准化系数法对各学历程度的人员按重要性程度进行排序，对以上结果进行整理和归纳。在以上研究的基础上，提出教育改革对产业结构升级的政策建议。

本书的出版得到辽宁省教育厅高等学校基本科研项目（项目编号：LJKR0260）的资助，在此深表谢意。

作　者

2023年4月

目录

1 绪论

1.1 研究背景与意义

1.1.1 研究背景

在经济发展过程之中，产业结构的演进和就业结构的变化相互联系、相互影响、相互制约。一方面，产业部门是就业的直接载体。当生产要素从低效率部门向高效率部门流动时，会造成不同部门之间的此消彼长，处于动态变化之中，这种产业结构的变动必然导致劳动力在不同产业之间产生转移流动，从而形成就业结构的变化，即产业结构的调整必然会导致各产业的收益不同，从而带动就业结构随之发生相应变动。另一方面，劳动力在不同的产业结构中的数量、质量分布及流动方式不同，又将影响产业结构的变动。在这一互动过程中，产业结构与就业结构相互影响、相互制约，呈现出某种内在联系。产业结构和就业结构可以根据市场反馈的信息进行调整。一方面，这种内在联系能够让就业结构中所形成的新生劳动力供给不断满足产业结构的需求，让相应的用人企业满意。另一方面，这种联系也能够使产业结构产生更合理的劳动力需求，使劳动力满意。正是这种产业结构和就业结构之间的互动反馈机制，使得劳动力供需不断进行调整，形成劳动力供需之间的相互匹配。

如果产业结构与就业结构发生了不匹配的情况，就会导致两者之间出现失衡，进而引发一系列的经济和社会问题。例如，改革开放40多年以来，从农村转移出来的数量巨大的农民工群体进入各级城市，为中国城市的发展和市场的繁荣做出了重要的贡献。但是自2004年以来，以广东东莞为代表的地区突然出现了“民工荒”的现象，粉碎了以往认为廉价劳动力“无限供给”的观念，甚至有学者认为中国的刘易斯拐点已经到来，人口红利逐渐减弱。数据显示，珠三角地区各大城市的用工缺口严峻，截至2015年2月26日，广州市用工缺口为4万人，深圳市达到15万人，东莞缺口为10万人，而佛山、中山、江门和珠海分别为8万人、4万人、3万人、1万人。在具体行业分布方面，用工缺口主要出现在低附加值劳动密集型和传统居民服务的行业中，如服装、纺织、玩具、制鞋、餐饮、家政服务等；在缺工工种方面，以普工岗位为主，约占缺工总量的30%；在缺工企业类型方面，主要集中在中小微型企业，占到所有缺工企业的75%；从地区角度来看，广州、珠海、佛山、江门4个城市缺少制造业从业人员，深圳、东莞、中山缺少电子方面的人才。“用工荒”的现象在浙江、福建等地也不同程度地广泛存在，并且在这几年呈现迅速蔓延的趋势。

但是与此同时，中国又面临着大学生就业难的问题。改革开放以来，中国接受过高等教育的毕业生数量逐年增加，特别是1999年高校扩招以来，大专及以上学历的毕业生数量出现“井喷式”增长，据相关数据统计，2009年中国大学毕业生数量已经突破600万人，到2014年这一数量已经增加至700万人。然而随着大学毕业生人数的急剧增加，加之近年来全球的经济形势下行，众多类型的企业纷纷裁员甚至倒闭，这种经济波动情况也严重影响到中国，而国家机构精简、国有企业改革、私营企业发展缓慢等因素，更加剧了就业市场的不断萎缩，使得人才供需矛盾日益凸显，因此，当前中国很多大学生面临着“毕业即失业”的困境，大学生就业难已经成为社会普遍关注的焦点之一。这一问题如果无法得到及时而有效的解决，不仅会威胁社会的安定团结，还会对中国的现代化建设产生严重的阻碍，通过多种渠道改善大学生就业状况已经成为亟待解决的问题，并引起了国家的高度重视。

从“用工荒”表现出来的特征来看，中国沿海地区以工业为主的第二产业和以服务业为主的第三产业急需一批拥有初中、高中层次学历的从业人员，尤其是传统的制造业企业，需要具有一定技能的职校生、具有小学或初中学历的基层务工人员，即这一部分人员原在农村从事第一产业，后来通过基本的教育和培训走入城市，演变为第二和第三产业的从业者，近年来这部分从业人员数量的大幅度减少是直接导致“用工荒”的主要原因。另外，由于中国自1999年以来高等教育方面的持续扩招，在教育产业化、鼓励私人办学等政策的激励下，一批技工、中专类的高校也转变为本科院校，这些都导致拥有大专及以上学历的从业人员数量呈现“爆炸式”的增长，而在就业选择上，多数大学毕业生往往不愿意从事第一或第二产业中技术含量低的工种。因此，在中国的某些沿海发达城市，拥有高学历的从业人员数量供给相对过剩，拥有大专及以上学历的大学生就业难的现象将愈演愈烈。

通过对“用工荒”和“大学生就业难”并存的实际问题进行深入分析，可以挖掘出一个主要的矛盾。首先，在发生该问题的地域存在着严重的就业结构和产业结构偏离、不匹配的现象，从广东沿海以制造业为主的城市来看，第二产业中具有初中和高中学历的技术型工人不足，而沿海城市大量拥有大专及以上学历的大学生持续涌入，已经造成高等学历人员在第二产业中供给过剩的情况。其次，还应当注意到，分析就业结构在产业结构中的分配规律的时候，不可避免地会遇到从业人员的受教育程度问题，因为受教育程度更直接地反映就业结构的人口素质特征，同时在具体的实际操作中，也多数通过改变从业人员的人口素质及学历构成比例，而自发地引起劳动力在各产业中的自由流动，利用经济发展规律完成就业结构的优化配置，从而发挥就业结构变化对产业结构升级的推动作用。据此，本书深入研究产业结构与就业结构之间的发展和演变规律，在此基础上充分考虑不同受教育程度人员在就业结构中的构成情况，在明确产业结构与就业结构的变化特征的前提下，协同考虑产业、就业和教育三者之间的互动关系，探索解决劳动力市场供求矛盾的解决途径。本书正是在这一动机和背景之下开展相关的理论和实证研究。

1.1.2 研究意义

产业结构是一个国家或地区产业间的比例关系及其变化趋势，与产业结构相对应的就业结构是指国民经济各部门所占用的劳动力数量、比例及相互关系，能够反映一个国家或地区对劳动力资源的利用状况。针对产业结构而言，影响社会发展及经济增长的因素有很多，很多学者已经对能够影响到经济发展的因素做了大量而细致的分析与研究。除了对环境资源、政治制度和人口存量等因素的关注外，越来越多的学者注意到：就业结构，包括从业人员的受教育程度，对经济的增长起着至关重要的作用。就业结构是指从业人口数量在三次产业结构中的分配比例，其对产业结构的发展和升级具有明显的推动和促进作用，很多学者对就业结构与产业结构之间的协调性做了深入的研究。但同时也应当注意到，就业结构中从业人员的受教育程度的变化能够直接决定就业结构的变化，如果忽略就业人员的受教育程度，即不考虑拥有不同学历人员在就业结构中的比例，则必然会引发各类的社会问题，无法实现就业结构和产业结构之间的匹配与调控。按受教育程度的不同，可以将一国或地区内全部就业人口划分为具有“未上过学”、“小学”、“初中”、“高中”和“大专及以上”教育文化程度的人口数量。在这一人口构成的划分前提下，研究产业结构和就业结构之间的关系及其演进规律，是对产业结构做出调整与升级的必要前提和手段。

产业结构和就业结构，以及就业结构中从业人员的受教育程度之间相互制约、相互影响，存在着复杂的联动性和协调性关系。在健康的市场经济体制发展模式下，要求就业结构与产业结构协调发展，相互适应，互相匹配，而合理的从业人员受教育程度在两者之间的合理分配，可以促进产业结构从低级到高级不断升级，同时，也能够推动就业结构的不断优化。在产业结构的升级换代中，要求综合考虑诸如就业结构、从业人员受教育程度、劳动力流动等多方面因素，而以往的研究过多地单一关注产业结构与就业结构两者之间的相关性和协调性，忽略了受教育程度对两者的影响，因此，本书主要结合从业人员的受教育程度情况，重新审视中国产业结构与就业结构之间的关系，明确产业结构与就业结构之间的相关性并建立演进趋势模型，深入挖掘数据之间的内在作用机制与特征，揭示两者的变化规律；研究受教育程度人口数量变化对就业结构和产业结构的推动作用，在数据相关性分析的基础上，根据需要的拟合精度，建立各数据变量之间的回归模型；进而利用不同精度的回归模型对未来产业结构和就业结构进行预测与分析，对中国产业经济政策、就业政策以及相关的教育政策的制定和决策，提供理论基础与指导性建议，具有重要的意义。

1.2 研究内容与技术路线

本书的研究目标主要是针对目前产业结构与就业结构之间经常不匹配，无法实现协调发展的情况，结合“用工荒”和“大学生就业难”的具体实际问题，综合运用数理统计、回归理论、神经网络等多种方法，深入研究产业结构与就业结构，以及不同受教育程度人数随年度变化的演进规律，采用线性回归理论研究产业结构与就业结构，以及不同受教育程度人数与产业结构及就业结构之间的线性相关性模型，利用相关系数法对拟合效果进行衡量与评定，并利用非线性回归理论对各变量数据进行多项式拟合，进而揭示不同精度下的产业结构与就业结构之间的互动机制，建立演进变化曲线方程，同时分析以第一、二、三次产业产值与就业人数分别为因变量，以各受教育程度的从业人员数量为自变量的多元线性回归模型，采用标准化系数的方法进行影响因素的重要性排序，利用神经网络理论，结合建立的回归模型，对未来数据进行预测研究，据此为相关政策的制定奠定理论基础。

1.2.1 研究内容

从上述研究背景与意义出发，本书以产业结构和就业结构为核心，结合从业人员不同受教育程度的变化特点，拟主要开展如下四点研究内容，具体如下：

1）产业结构与就业结构的相关性与回归模型研究

产业结构与就业结构之间具有较为明显的相关性，本书据此展开深入的理论分析与实证研究。首先，根据相关数据，对改革开放以来，即1978—2013年36年以来的第一、二、三产业就业人数和产业产值数据进行整理和归纳，详细绘制相关曲线，分析数据在不同年度的变化规律，总结变化幅度较大的年份的情况并对原因进行分析，在此基础上根据各产业产值和就业人数比例绘制相关曲线，将整体年度按数据变化特征分为四个时段，针对每个时段进行分析归纳。其次，对产业结构的动态演进规律进行研究，应用一元线性回归理论对1978—2013年36年间第一、二、三产业产值数据进行线性拟合，分析性能指标的相关性。为对当前经济数据进行更为合理而有效的拟合，截取1996—2013年18年间的经济和就业数据应用线性回归理论进行分析。为了提高拟合模型精度，采用多项式理论对数据进行二阶和五阶多项式回归，建立不同精度下的回归模型。采用以上回归模型对未来3年产业产值进行预测。再次，采用相同的理论和方法对1978—2013年以及1996—2013年的就业结构进行分析，利用散点图、线性回归理论、多项式拟合方法对三次产业就业人数进行拟合，分析显著性水平、判定系数，并估计标准误差等性能指标，对未来3年三次产业就业人数数据进行预测。最后，对产业结构与就业结构的相关性进行深入研究，绘制线性回归曲线，计算出就业结构与产业结构的9个相关系数，并结合实际经济发展情况对数据和相关系数进行分析，绘制产业结构与就业结构间二次和五次多项式拟合曲线，建立不同精度下的演进模型，揭示产业结构与就业结构之间的协同变化规律。在以上研究的基础上，利用相对劳动生产率和结构偏离度两种性能指标对产业结构和就业结构之间的偏离情况进行讨论和研究，基于历史数据绘制相对劳动生产率和结构偏离度的变化曲线，分析形成偏离的根源。

2）基于神经网络理论的产业结构与就业结构预测

产业结构与就业结构之间存在较为明显相关性的同时，各产业结构和就业结构内部也具有一定的耦合效应。在进行产业结构和就业结构的预测时，为达到预测的精度，需要深入考虑这种耦合特征，增强预测的准确性与可靠性，而神经网络的方法能够在充分反映各因素变化趋势的情况下，虑及各因素之间的耦合特征，因此，本项研究内容基于以上相关性及回归建模，拟采用神经网络相关理论和技术对产业结构和就业结构进行预测，同时，充分考虑各受教育程度人数变化的影响。具体的研究内容包括：首先，深入研究神经网络理论的基本原理、方法及适用范围，将该方法与其他智能预测理论进行对比，确定神经网络在经济学、人口学等大离散型数据下的独特优势。其次，以1996—2013年的产业结构与就业结构数据为基础，对未来3年的产业结构和就业结构数据进行神经网络训练，建立基于以往数据的神经网络训练模型，比较不同隐层节点情况下模型精度的变化情况。再次，根据《中国统计年鉴》和《中国人口统计年鉴》所提供的1996—2013年18年间从业人员数据，分析中国人口和教育政策近年变化的特点，将就业人群分为“未上过学”、“小学”、“初中”、“高中”和“大专及以上”五种学历结构，确定划分原则和划分依据，研究各受教育程度人数在就业结构中的分布规律与特征，对基于数据的径向基神经网络模型进行训练，分析模型精度及其影响因素，对不同隐层节点数对预测精度的影响进行探讨，进而建立就业结构与各受教育程度人数间的神经网络预测模型。最后，对预测模型的有效性进行校验，并对预测结果进行深入分析。在模型有效性校验方面，采用已有数据和未知数据两种方法对有效性进行检验，对预测误差进行溯源，在此基础上对未来3年的产业结构与就业结构进行预测，分析预测结果的合理性与有效性。

3）就业结构与教育的关联性与作用机理

就业结构与不同受教育程度人群数量变化密切相关，改变就业人群的学历层次构成，也是调控产业结构行之有效的手段，本项研究主要针对就业结构与教育之间的关联性与作用机理开展，内容包括：首先，绘制基于年度的五种教育程度人员的散点图，对数据的分布规律进行分析，应用线性回归理论对不同学历人员数量进行线性拟合，得到变量间的线性回归模型。其次，依据判定系数对线性拟合精度较差的变量进行筛选，进而应用非线性回归方法建立变量间的回归模型，利用多项式回归方法，分别采用二阶、三阶、四阶和五阶函数进行拟合，比较精度提高的幅度与回归多项式的复杂度，在以上分析的基础上对未来各受教育程度人员数量进行预测。再次，针对各受教育程度人员变量与第一、二、三产业就业人数的相关性开展研究，通过相关系数理论、散点图、多项式回归理论，深入探讨第一、二、三产业就业人数与五种受教育程度人员数量的相关性与变化规律。最后，通过引入多元线性回归理论，建立以第一、二、三产业就业人数为因变量，以“未上过学”、“小学”、“初中”、“高中”和“大专及以上”五种学历层次人员数量为自变量的多元回归模型，采用离差平方和等对回归结果进行评价和判定，利用标准化系数对各自变量进行主次因素判断，按重要性大小进行排序，最终形成对就业结构中不同受教育程度人群对就业结构的作用机理的深入认识。在上述研究的基础上，提出教育改革对就业结构优化的相关政策，并对此进行深入的分析和研究。

4）产业结构与教育的关联性与协同演进机制

产业结构受就业结构的制约，而就业结构是通过不同受教育程度人群数量变化而对产业结构产生影响的，为此本书对产业结构与教育的相关性进行研究，通过建立回归模型揭示产业结构与教育间的协同演进机制，为形成就业结构对产业结构的助推作用奠定基础，内容主要包括：首先，采用散点图的方法，分别绘制各受教育程度人数与第一、二、三次产业产值数据的散点图，对散点图中数据的分布特征进行分析，分析产业结构与受教育程度之间的关联性与协同性。其次，对上述数据进行规律性的总结，建立一元线性回归模型，采用显著性水平、相关系数和估计标准误差等性能指标对回归模型进行评价与衡量。再次，采用非线性回归理论，利用多项式进行数据的拟合，拟采用二阶和五阶的多项式进行建模，分别针对“未上过学”、“小学”、“初中”、“高中”和“大专及以上”五种学历层次人员数量变量进行分析，挖掘产业结构与教育之间的制约关系和演变规律，为精度的衡量提供相应的测算指标。最后，在上述相关性分析的基础上，对各受教育程度人数与产业结构进行多元线性回归，研究产业结构与多个变量之间的协同制约与演进规律。以第一、二、三次产业产值为因变量，以五种受教育程度人员数量为自变量，建立多元一次线性回归模型，分析回归模型的判定系数，研究模型中截距和斜率的变化特征，利用标准化系数法对各学历人员按重要性进行排序，对以上结构进行整理和归纳。在上述研究的基础上，提出教育改革推动产业结构升级的相关政策，并对此进行深入的分析与讨论。

1.2.2 技术路线

在上述研究内容的基础上，对所提出的研究内容之间的逻辑关系进行梳理和归纳，结合针对具体问题所总结出的研究思路和脉络，可以绘制本书的总体技术路线图，如图1-1所示。

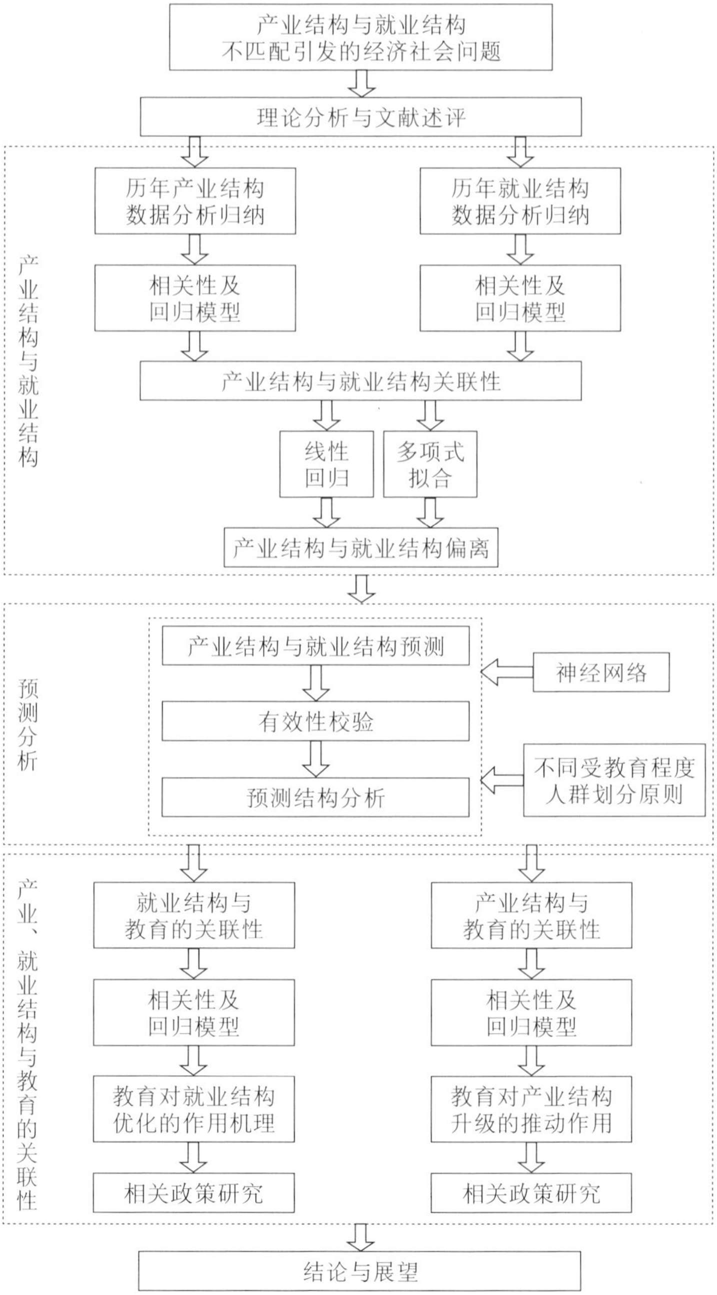

图1-1 技术路线图

1.3 研究方法

1）数理统计法

本研究利用中国的宏观时间序列数据进行统计描述分析，系统梳理了1996—2013年的就业结构和产业结构的动态发展过程，采用线性回归理论、多项式拟合方法及多元统计分析，探讨产业结构与就业结构以及各受教育程度人数的长期变化规律及特点，并对产业结构和就业结构以及两者与教育之间的关系进行分析，建立产业结构、就业结构、各受教育程度人数的线性相关性模型、多项式拟合模型、多元线性回归模型，并验证描述性统计分析的结果。

2）文献研究法

通过对产业结构和就业结构的含义、各受教育程度人员的划分及上述各变量的演进变化等文献进行梳理归纳，全面了解所要研究的问题，结合定性分析和定量分析，系统揭示出各数据之间的协同演进规律，对研究问题进行全面、深入的分析。

3）实证研究法

在理论分析的基础上，综合运用数理统计、回归理论、神经网络模型等多种方法进行实证分析，并利用非线性回归理论对各变量数据进行多项式拟合，进而揭示不同精度下的产业结构和就业结构之间的内在作用机制，阐明不同受教育程度人数与产业结构及就业结构间的关联性，同时结合神经网络理论建立的非线性预测模型，对未来数据进行预测研究。

1.4 主要创新之处

本书以就业结构为纽带，将劳动力供给向前推至各从业人员的受教育程度，将劳动力需求推至产业结构，使得产业结构和就业结构与教育之间紧密相联，环环相扣。在架构上，深入挖掘产业结构与就业结构之间的互动机制和制约关系，尝试着从就业人员的受教育程度，研究就业结构对产业结构的推动作用，通过对本书进行分析归纳，可以总结出以下三方面的创新之处：

（1）建立产业结构与就业结构的线性和多项式回归模型，阐明产业结构和就业结构之间的相关性和协同演进规律，为使产业结构与就业结构匹配提供理论支持。

本书在对三次产业产值和就业人数数据进行综合和整理，总结其规律和发展变化的基础上，应用一元线性回归理论和多项式非线性回归方法建立回归模型揭示产业结构和就业结构的动态演进规律，进而深入研究就业结构与产业结构的相关性，建立不同精度下的演进模型，揭示就业结构与产业结构之间的协同变化规律。最后，利用相对劳动生产率和结构偏离度两种性能指标对产业结构和就业结构之间的偏离进行讨论和研究，分析数据变化特征及产生偏离的原因。

（2）基于径向基神经网络理论，提出考虑耦合效应情况下的产业结构与就业结构的预测方法。

本书以产业结构与就业结构数据为基础，对未来3年的产业结构和就业结构数据进行神经网络训练，指出就业结构与产业结构内部的耦合效应，进而对未来3年三次产业产值进行预测。通过确定就业结构内部从业人员不同学历层次的划分原则，研究各受教育程度人数在就业结构中的分布规律与特征，进而建立就业结构与各受教育程度人数间的神经网络预测模型，对未来3年三次产业就业人数进行预测，使预测结果为未来应当采取的就业与产业政策提供借鉴。

（3）建立就业结构和产业结构与教育之间的关联性，提出教育改革对就业与产业结构的助推机制与作用机理。

探讨第一、二、三产业就业人数与五种受教育程度人员数量的相关性与变化规律，建立以第一、二、三产业就业人数为因变量，以五种学历层次人员数量为自变量的多元回归模型，利用标准化系数对各自变量进行主次因素判断，按重要性大小进行排序。在此基础上，提出教育改革对就业结构优化的相关政策建议。用同样的方法建立产业结构与受教育程度之间的多元回归模型，挖掘产业结构与教育之间的制约关系和演变规律，提出教育改革推动产业结构升级的相关政策建议。

2 理论基础及国内外文献述评

2.1 产业结构与就业结构演进理论基础

在结构变化的研究中，存在着两种不同的方法：一种是试图使用经过选择的若干国家之间的横截面数据和时间序列数据，从统计上确认经济增长与结构变化之间的某种普遍联系，得出所谓“程序化事实”，如克拉克（1940）、库兹涅茨（1973）、钱纳里和塞尔奎因（1975）等；另一种是从一开始就集中研究在相似起始条件和经济制度下的一批国家的历史经验，并探索能够最好地说明所发生的结构变化过程的特殊理论，如刘易斯（1954）、迈因特（1958）、托达罗（1969）等。虽然这些理论有的不是十分正式，甚至只是描述性的，但是当我们考察具有相似起始条件的各国经济增长时，这些理论提供了有用的见解和可供参考的框架。

2.1.1 产业结构理论的形成及其对就业结构的影响

1）配第-克拉克定理

英国古典政治经济学创始人威廉·配第是最早研究产业间联系的经济学家。早在1960年出版的《政治算术》中，他就提出制造业能够比农业获得更多收入，商业能够比制造业获得更多收入。因此，从事农业的人数较从事工业的人数趋于减少，而从事工业的人数较从事服务业的人数趋于减少，劳动力必然由农转工，而后再由工转商。他认为，产业结构的不同导致了世界各国国民收入的差异和经济发展的不同阶段，在此基础上形成了三次产业分类的思想。无独有偶，亚当·斯密在1776年出版的《国富论》中阐述了产业部门、产业发展以及资本投入顺序的思想。他认为资本投向产业的顺序为："按照事物的自然进程，每一个增长中的社会的大部分资本应当首先投入农业，然后投入制造业，最后才投入到商业上，这种顺序是极其自然的。"

此后，英国经济学家科林·克拉克在威廉·配第的研究基础上，出版了著名的《经济进步的条件》一书，他采用三次产业分类法把国民经济结构分为三大产业，分别是农业——第一产业，制造业——第二产业，服务业——第三产业。他通过对40多个国家和地区不同时期三次产业劳动投入和产出资料的整理和比较，对经济发展和产业结构变化之间的关系进行了实证研究，发现劳动力在三次产业中的结构变化与人均国民收入提高存在一定的规律性，并在此基础上计量和比较了不同收入水平下，就业人口在各产业中分布结构的变动趋势。克拉克的发现印证了配第在1960年提出的观点，他也认为，在经济发展过程中，由于各产业间的收入存在差异，劳动力就业结构具有非农化倾向，发生这一事实的根源在于各产业间的收入差异。人们就把他们的这一发现称为配第-克拉克定理，即随着人均国民收入的提高，劳动力逐渐由第一产业向第二产业进而向第三产业转移。

关于产业分类方法，1935年，费希尔在《安全与进步的冲突》一书中，首先提出了三次产业分类法的概念，并从世界经济史的角度对三次产业分类方法进行了理论分析。虽然费希尔第一个提出了三次产业的分类方法，但他并没有总结出一些有规律性的东西。真正将其运用于实践，并使其得到普及的是克拉克。因此，人们更多地是把克拉克的名字同三次产业分类法联系在一起。三次产业分类法又被称为克拉克产业分类法。

2）马克思主义“两大部类”观点

马克思把社会生产领域划分为两大部类，分别是生产生产资料的第一部类和生产生活资料的第二部类，他认为要使社会再生产顺利进行，就必须把社会劳动按照一定的比例，合理分配到社会生产的各个部门中去。对于劳动力的配置问题，马克思根据所处的时代条件，认为有两种形式：一是资本主义下的市场配置形式；二是无产阶级夺取政权，建立社会主义社会后的计划配置形式。

马克思立足于资本主义生产领域，认为在资本主义条件下，资本处于主导地位，劳动隶属于资本，资本雇用劳动力。随着资本主义的发展，资本家为了获取更多的超额剩余价值，同时为了在竞争中获得有利地位，会不断提高生产率，使得资本有机构成不断提高，导致失业的发生。这种失业也叫相对人口过剩，完全是相对于资本对剩余价值的追求而产生的。

3）库兹涅茨产业结构论

美国经济学家、统计学家库兹涅茨（1973）对大量的历史经济资料进行了分析，从统计分析的角度研究了劳动投入、资本投入与经济增长的关系。他认为经济结构不断调整和转变必然带动就业结构的相应调整，并得出了库兹涅茨产业结构论。这是关于国民收入和劳动力在各产业间分布结构的演变趋势及其原因的学说。他的研究成果验证了配第-克拉克的就业结构变动规律。

库兹涅茨在进行产业结构研究时，在前人研究的基础上不断完善并创新，将三次产业结构分别称为“农业部门”“工业部门”“服务部门”。他深入推究了产业结构的演进动因，根据人均GDP份额基准，考察了总产值变动和就业人口结构的变动规律，揭示了产业结构变动的总方向以及三次产业所实现的国民收入比例关系及其变化。他得到了如下结论：农业部门实现的国民收入，随着年代延续，在整个国民收入中的比重同劳动力在全部劳动力中的比重一样，处于不断下降之中；工业部门的国民收入的相对比重大体看来是上升的，但劳动力的相对比重却是大体不变或略有上升的；服务部门的劳动力相对比重几乎都是上升的，但国民收入的相对比重却大体不变或略有上升，见表2-1。

表2-1　**工业化五阶段产值和劳动力比重**　单位：%

产业＼部门	第一阶段		第二阶段		第三阶段		第四阶段		第五阶段	
	产值比重	就业比重	产值比重	就业比重	产值比重	就业比重	产值比重	就业比重	产值比重	就业比重
第一产业	48.4	80.5	36.8	63.3	26.4	46.1	18.7	31.4	11.7	17.0
第二产业	20.6	9.6	26.3	17.0	33.0	26.8	40.9	36.0	48.4	45.6
第三产业	31.0	9.9	36.9	19.7	40.6	27.1	40.4	32.6	39.9	37.4

资料来源：KUZNETS, SIMON, MURPHY J T. Modern economic growth: rate, structure, and spread[M].2nd ed.New Haven: Yale University Press, 1966.

2.1.2 产业结构与就业结构理论的发展

1）刘易斯"二元"经济理论

刘易斯在1954年发表了著名的《劳动力无限供给条件下的经济发展》一文。文中他提出了发展中国家经济二元结构的理论，指出劳动力从农村向城市转移是由实际收入水平差异决定的，这一过程一直持续到农村与城市实现均衡发展，二元结构得以消除。

刘易斯认为，在经济发展的早期，大多数国家的经济不是一元的，而是二元的。发展中国家并存着农村中以传统生产方式为主、劳动生产率较低的农业部门和城市中以制造业为主、生产率较高的现代化部门。其中，农业部门是发展中国家生产部门的代表，现代部门所占的比重不大。而且，农业部门劳动者的收入水平很低，只能维持自己和家庭的最低生活水平，现代化部门技术比较先进，生产率较高，劳动者工资略高于农业部门劳动者的工资。

刘易斯的研究成果是建立在古典经济学基础之上的，是较为典型的古典经济学模型。他不但确立了二元结构的分析模式，创立了一个经济发展的结构主义分析框架和理论体系，而且解答了发展经济学中的重要问题——资本形成的源泉。二元经济结构理论的提出在发展经济学的历史上具有巨大的价值，但是该模型也存在不足，自从刘易斯的二元经济结构理论诞生以来，后人对他的理论的研究和创新就层出不穷，并指出了模型中的缺陷。

拉尼斯和费景汉认为，刘易斯模式忽视了农业和资本形成之间的紧密关系，强调农业在工业增长中发挥着巨大的作用。在经济发展的早期，农业是经济增长的主导部门，随着经济的发展，它为迅速增加的人口提供粮食，为工业部门提供市场，为其他新兴的主导部门提供资本和劳动力。他们引入了农业产量剩余的概念，把农业劳动力转移和农业、工业两个部门的进步联系起来分析，最终得出了拉尼斯-费模型，这一模型与刘易斯模型一起被称为刘易斯-费景汉-拉尼斯模型。

2）霍夫曼比例

德国经济学家霍夫曼于1931年发表了《工业化阶段和类型》，其中把结构型变量引入需求方程式，重点研究了进口替代的作用。他将产业划分为消费资料产业、资本资料产业和其他产业，并根据20多个国家的时间序列数据分析了制造业中消费资料产业与资本资料产业之间的比例关系随工业化进程所发生的变化，构建了霍夫曼比例，即消费资料产业的净产值与资本资料产业的净产值之比。霍夫曼认为，在工业化进程中，霍夫曼比例逐渐下降，也就是说，一国工业化的程度越高，霍夫曼比例越低。他把一国工业化划分为几个阶段，分析了霍夫曼比例变化的趋势。在工业化的第一阶段，消费资料产业在制造业中占主导地位，而资本资料产业在制造业中是不发达的；在工业化的第二阶段，资本资料产业的增长快于消费资料产业的增长，但消费资料产业的生产规模仍要比资本资料产业的生产规模大得多；在工业化的第三阶段，资本资料产业继续增长，规模迅速扩大到与消费资料产业处于平衡状态；在工业化的第四阶段，资本资料产业占主导地位，其生产规模大于消费资料产业的生产规模，基本实现了工业化。霍夫曼比例和霍夫曼工业化经验法则成为后续学者判断一国所处工业化阶段的依据。但他定义的“其他产业”的说法过于笼统，此后日本学者盐野谷祐一对该定义进行了重新分类，以“商品流动法”为原则，将全部产业产出不分行业地归为消费资料和资本资料两大类，并计算了霍夫曼系数。

3）赤松要雁行发展理论

日本经济学家赤松要于1932年根据日本棉纺工业的发展史提出了雁行产业发展形态说。雁行发展模式主要是指依据技术差距论，对于早期模仿国可能向后起模仿国发展贸易，形成与创新国相关对应的理论格局，即通过国外引进-国内生产-产品出口的循环使后起国实现产业结构工业化、重工业化和高加工度化的学说。当后起国家工业化发展到一定程度，已经超出了先行国，并已具有与创新国相近的生产技术水平，即成为发达国家之列的新进入者。这意味着发展中国家的产业按照雁阵模式列队跟进发达的工业化国家。

赤松要认为，本国产业发展要与国际市场紧密地结合，使产业结构国际化，后进国家可以通过四个阶段来加快本国工业化进程。此外，产业发展政策要根据雁行产业发展形态说的特点而制定。但雁行模式的形成是有条件的，当条件发生变化时，该模式也需要转换。这一模式可以说明过去，不一定能说明将来，因此，不一定适用于所有发展中国家。

4）钱纳里标准模型

钱纳里在库兹涅茨研究成果的基础上，将人均GDP与人口作为外生变量，得出了产业结构合理化的标准模式，提出了著名的“发展型式”理论。国内外学者在对产业结构合理性进行研究时，大部分采用这种模式进行比较和分析，但这一理论也有一定的缺陷。采用这种标准模式进行判断需要考虑国家自身的资源条件及产业结构状况，因此，难以分析与样本国家资源条件存在较大差异的国家产业间比例的合理性，但无论如何，依据这种模式进行判断具有一定的借鉴意义。

根据钱纳里、艾金通和西姆斯模式，随着人均GDP的提高，三次产业的产值比重和劳动力就业比重具有不同的特征。人均GDP越高，产值结构和劳动力就越集中在第二、三产业。但所处阶段不同，数值有较大差异（见表 2-2）。

表2-2 **钱纳里、艾金通和西姆斯模式（1970）**

1964年（美元）	产值比重（%）			就业比重（%）			相对劳动生产率		
	第一产业	第二产业	第三产业	第一产业	第二产业	第三产业	第一产业	第二产业	第三产业
100	46.30	13.50	40.10	68.10	9.60	22.30	0.68	1.41	1.80
200	36.00	19.60	44.40	58.70	16.60	24.70	0.61	1.18	1.80
400	26.70	25.50	47.80	43.60	23.40	33.00	0.61	1.09	1.45
600	21.80	29.00	49.20	34.80	27.60	37.60	0.63	1.05	1.31
1 000	18.60	31.40	50.00	28.60	30.70	40.70	0.65	1.02	1.23
2 000	16.30	33.20	49.50	23.70	33.20	43.10	0.69	1.00	1.15
3 000	12.40	38.90	48.70	8.30	40.10	51.60	1.18	0.97	0.94

资料来源：CHENERY, BURNLEY H, ELKINGTON H,et al.A uniform analysis of development patterns[C].Cambridge：Center for International Affairs，1970.

1975 年，钱纳里和塞尔奎因一起，研究了在不同经济发展阶段，劳动力转移与经济发展水平之间的关系并得出了“多国模型”。他们选择了 27 个变量所定义的 10 个基本过程来描述经济发展中结构转换的一般过程，进行了大量的数据分析与处理。该模型表明，劳动力在农业中所占份额随着人均国民收入水平的提高而快速下降，而在工业和服务业中所占的比重会明显上升。“多国模型”也表明了就业结构转换滞后理论，即在经济发展过程中，发达国家的产值结构转换与就业结构转换基本一致，劳动力不断从农业向工业和服务业转移。但是对于发展中国家来说，产值结构转换普遍先于就业结构转换。这就是说，发展中国家的产业结构与就业结构是不对称的。

总量增长和结构演进是经济发展的客观过程。威廉・配第、刘易斯、库兹涅茨等一些经济学家的开创性研究成果代表了世界经济学界对产业结构理论的贡献。这些研究成果被认为是分析产业结构演进和劳动力转移的重要理论依据，此后学者的研究均以这些理论作为研究基础。

2.2 产业结构与就业结构关系研究述评

20世纪80年代前后，世界经济掀起了一股产业结构调整的浪潮，英国等国家走在了前列，较早地实现了产业结构调整，表现为在国内生产总值的产业构成中，第一产业、第二产业所占比重下降，第三产业所占比重上升，相应的，就业结构也随之变动。一些学者把英国产业结构变化的特点称为“产业结构的软化”。经过20多年的发展，一些发达国家已经完成了工业化进程，逐渐进入后工业化阶段，如美国、日本等均是如此。而一些发展中国家，如印度等，在早期过分依赖指令性经济来完成工业化目标导致了全面低效率，以至于向工业化跨进的步履依然十分艰难。因此，优化产业结构、调整就业结构是一些欠发达国家和地区的一项主要工作。

经济增长、产业结构以及就业结构三者之间是相互联系、相互影响的。现实经济中，发达国家往往具有比较发达的产业结构，而发展中国家的产业结构一般也比较落后，所以经济发展的核心问题经常与产业结构联系在一起。就一国的长期总量生产函数而言，经济增长与就业增长一般是正相关的，但是在中国，奥肯定律出现失效，原因是多方面的。产业结构与就业结构是相互联系和作用的。产业作为就业的载体，产业结构的变动必然要反映到就业结构的变动上来，因此，就业结构往往被用作反映产业结构变化的一个基本指标而与产值结构并列。本节在国外学者关于产业结构与就业结构相关研究理论的基础上，梳理了国内外学者对经济增长、产业结构以及就业结构相互关联的研究成果，对当前的研究进行评述。

2.2.1 国外文献述评

国外文献中，研究结构变化大多和经济增长联系起来，Fabio Motobbio（2002）通过建立结构改变和产业增长的演变模型，分析了结构改变和产业增长的决定因素，这种分析是建立在不同经济部门异质性企业行为之上的。Carolina Castaldi（2000）用偏离-份额方法评价了欧洲、美国及日本制造业和服务业的相对权重的结构变化过程。Marcel P. Timmer（2009）采用传统的偏离-份额分析检验了亚洲4个国家制造业部门的结构改变对总生产力的影响，结果并不支持结构红利假说，即使考虑到规模报酬递增并且改进偏离-份额分析方法，结果仍然不变。Michael Peneder（2003）对产业结构和集中增长的关系进行了经验研究，在对28个国家的数据进行分析的基础上证实：20世纪90年代产业结构在宏观经济发展和经济增长中有重要的决定作用。

技术进步可以推动产业结构升级，但是技术进步的过程（正如熊彼特所强调的），充满了新与旧之间的不协调和激烈竞争，各部门的增长率和利润率存在差异，劳动和资本在各种活动之间不时出现再分配。因此，研究技术进步对劳动力就业的影响，可以间接地看作研究产业结构与就业结构之间的联系。

Hugo Hollanders（2002）研究了经合组织6个成员国中有关技术、知识溢出和就业结构的变化问题，发现知识溢出对技能提升有重要影响，而这种溢出又可以解释就业结构的变化。Gavin Wright（1990）研究了美国产业成功的原因，得出制造业是成功的基础的结论。Jan Fagerberg（2000）使用39个国家的数据，研究了专业化和结构变化对制造业生产力增长的影响，得出结论：具有技术优势的国家相比其他国家经历了高产出增长。Bo Carlsson（1989）针对制造业的技术革命对产业结构的影响进行了国际比较，结果表明制造业，尤其是工程业的企业规模下降，一是由于专业化，二是由于计算机技术改善了中小规模企业的产品质量和生产率。M.Dobbs、M.B.Hill 和 M.Waterson（1987）在针对技术进步引起失业的争论中提出，技术改变并不是英国纺织业就业迅速下降的原因，纺织业本身的劳动力需求弹性是负值。Iwao Ozaki（1975）以1955—1968年日本经济发展的经验为基础，研究了产业发展模式、就业结构、政府产业政策等的相互关系。

也有国内学者对典型发达国家的产业结构和就业结构进行研究。蒲艳萍（2005）运用国际比较分析产业结构对就业增长的影响，指出中上等收入水平国家和高收入水平国家的产业结构和就业结构的关系被认为是合理的，而低收入水平国家的产业结构和就业结构通常是落后的。李江帆、黄少军（2001）通过分析亚洲“四小龙”的产业结构演变，发现其演变过程符合产业结构演进规律，并得出经济体制对产业结构有明显影响，计划体制对第三产业有压抑作用，市场经济有助于推动第三产业发展。张守一、景跃军、刘崇义等分别研究了美国产业结构。张守一（1989）指出，美国就业结构的变化与产业结构的变化具有相同的趋势。美国作为先发工业化国家的代表，其产业变迁遵循了产业演变的一般规律，实现了从模仿者到领头羊的转变。景跃军（2004）以第二次世界大战（以下简称“二战”）后美国经济发展和产业结构关系为主线，研究了二战后美国产业结构演变及经济发展的趋势，并预测了未来15年美国产业结构变动的趋势。刘崇仪（2007）以美国20世纪80年代以来的产业结构调整经验为基础对美国服务业及相关政策进行探讨。徐广军（2010）通过对第五长波中美国产业结构演进的态势提出中国应采取的产业结构演进模式。总之，国内学者对发达国家产业结构的研究，都是为了探寻对中国产业结构发展具有理论和现实借鉴意义的各种方法和途径。

2.2.2 国内文献述评

经济增长、产业结构以及就业结构三者之间是相互联系、相互影响的。现实经济中，发达国家往往具有比较发达的产业结构，而落后国家的产业结构一般也比较落后，所以经济发展的核心问题经常与产业结构联系在一起。就一国的长期总量生产函数而言，经济增长与就业增长一般是正相关的，但是在中国，奥肯定律出现失效，原因是多方面的。产业结构与就业结构是相互联系、相互作用的。产业作为就业的载体，产业结构的变动必然要反映到就业结构的变动上来，因此，就业结构往往被用作反映产业结构变化的一个基本指标而与产值结构并列。

1）经济增长与产业结构

在对于经济增长与产业结构关系的研究中，以库兹涅茨和罗斯托的观点最具代表性。库兹涅茨认为，经济增长是一个总量过程，总量增长引起部门结构变化。与此相反，罗斯托认为，经济增长本质上是一个部门的变化过程，部门结构变动推动总量增长。较为广泛的观点倾向于认为经济增长不过是生产结构转变的一个方面，尤其是在发展中国家。Chenery和Syrquin（1975）也认为，结构转变是经济发展过程的中心特征和解释经济增长速度与模式的本质因素，并提出产业增长的工业化模式能使资源得到最优配置。因此，许多学者从产业结构的角度去研究和分析经济增长。

从产业结构变迁出发来研究其对中国经济增长的影响，学者们普遍得出了一致结论：生产要素从低生产率部门向高生产率部门转移和流动的资源再配置效应带来的结构红利加速了中国经济的增长。郭克莎（1999）和刘伟（2002、2008）的研究都说明，中国改革开放以来结构变化的作用和影响越来越明显地表现出来，产业结构变迁对中国经济增长的贡献十分显著。而刘伟（2008）的实证研究进一步表明，随着中国市场化程度的提高，产业结构变迁对经济增长的贡献呈现不断降低的趋势，结构红利正在减弱，但这种减弱并不表明市场化改革的收益将会消失，一些发展和体制的因素阻碍着资源配置效率进一步提高。

更进一步，干春晖（2011）首次从动态角度把产业结构变迁分为产业结构合理化和产业结构高级化两个维度，进而研究这两个维度与经济增长和经济波动的关系。经验研究结果表明，中国的产业结构合理化对经济增长的积极影响是恒定不变的，而产业结构高级化与经济增长之间的关系是不稳定的。后一点与付凌晖得出的结论一致。付凌晖（2010）通过提出一种新的产业结构高级化度量方法，并将其与经济增长的关系进行实证分析后发现：1978—2008年中国经济更多的是经济总量增长带动结构升级，而产业结构高级化并未明显促进经济增长。

在研究产业结构与经济增长的关系的文献中，以实证分析为主，但也有学者得出了不一致的结论：产业结构和经济增长之间的关系并不显著。一方面，从产业结构变迁、高级化、合理化等不同的分析角度出发，可能会得出不同的结果；另一方面，对数据和指标的选取不同也可能得出相异的结论。

2）经济增长与就业

关于经济增长与就业的关系，菲利普斯曲线和奥肯定律已被许多国家的经济实践所证实。但在中国，经济增长与就业增长出现了不一致：中国经济的较快增长并未带来就业的相应增长，众多学者探究了其中原因。

蔡昉（2007）指出，奥肯定律的存在是有条件的，这些条件通常是以相对完善的市场环境和市场机制为前提。因而其在中国的适用性，应该从中国市场发育水平，着眼于考察上述条件是不是存在以及在多大程度上存在。陆铭（2011）从地方政府干预角度揭示了中国经济增长创造就业能力较低的现象。研究发现，外商直接投资能显著提高单位GDP增长所带来的就业增长，但政府干预削弱了外资的就业创造能力。陈桢（2006）认为，导致中国经济增长的就业效应不足的原因与中国目前特定的改革和发展时期有重大关系，中国经济转型和结构调整加快是就业效应不足的主要原因。刘瀑（2008）从产业发展的视角出发，认为中国的产业发展失衡是制约经济增长对就业吸纳能力减弱的主要原因。

在考虑资本深化对就业的影响时，张军（2002）认为，如果投资的增长能够持续有效地驱动更多的劳动投入到生产过程，并使资本劳动比保持稳定，资本产出比就不会随着经济的增长而上升。相反，中国的情况是资本不断替代劳动，出现资本深化，导致就业下降。但姚战琪等（2005）认为，虽然资本深化的过程伴随着就业增长率的降低，但是并不会在数量上造成就业量的绝对减少，它只表明资本的增长率快于劳动力的增长速度。蒲艳萍（2006）认为，中国经济增长与就业的非一致性是资本深化、劳动生产率提高、国有部门大量隐性失业者被吸纳以及外来农民工就业增加四个因素共同作用、相互影响的复合结果。

从就业统计工具角度分析，龚玉泉和蔡昉两位学者指出现有统计工具的缺陷并不能真实地反映真实的就业情况。龚玉泉等（2002）认为，中国的“经济增长与就业增长之间的关系被就业制度、经济制度、统计方式等因素所扭曲，使得就业现象表现为：体制转轨、结构调整等带来的失业率上升和经济增长带来的就业量增加两者伴生而成的‘名义就业量下降中的有效就业增长’”。蔡昉（2007、2009）批评了传统的关于

"就业零增长""农村剩余劳动力一成不变"等判断，指出劳动力市场发育水平的提高、就业总量增长和结构多元化以及城镇就业压力的缓解和农村剩余劳动力大幅度减少的事实，并预测了劳动力市场供求的变化趋势、刘易斯转折点即将到来。蔡昉等（2004）认为，不能仅仅依据传统统计渠道的就业增长数字妄下关于经济增长创造就业减少的判断，以往研究所得出的经济增长没有带来就业的结论只能说明经济增长没有带来显性就业，劳动力市场发育的增量性质，使得大量新增就业是通过一些传统统计不能涵盖的渠道实现的，而单独估算城镇的就业弹性更能够反映真实的情况。

经济增长过程中，影响就业的因素是极其复杂的。近年来，学者们试图从多方面说明奥肯定律在中国失效的原因，但对于这一问题目前学术界尚未形成定论，也没有一个对此问题进行系统分析的研究框架，理论和实证分析都有待于进一步完善。

3）产业结构与就业结构协调研究

产业结构与就业结构是相互联系、相互作用的。陈大红（2007）、赵杨等（2010）的研究都说明产业结构与就业结构的高度关联性。产业作为就业的载体，其变动必然要反映到就业结构的变动上来，因此，就业结构往往被用作反映产业结构变化的一个基本指标而与产值结构并列。学者们将中国的三次产业变动与国际上反映产业变动趋势的三种有代表性的研究成果（库兹涅茨模式、钱埃西模式、赛钱模式）加以比较，得出中国的产业结构与就业结构的变化方向总体符合产业结构与就业结构演变的规律和趋势，即第一产业产值及就业比重下降，第二、三产业产值及就业比重上升。纵观中国学者对产业结构与就业结构进行的研究，大致分为以下三个方面：

（1）关于产业结构与就业结构两者相关关系的研究

改革开放之前，中国长期施行的是优先发展重工业的经济赶超战略，外生的通过政府强制集中资源优先发展重工业，一方面有了较高阶段的工业化过程，另一方面却仍然滞留在较低层次的原始农业化阶段，产业结构严重扭曲。改革开放后，产业结构与就业结构虽然较改革前有很大改善，但不一致程度仍然较大，存在很大的调整空间。学者们一致认为，中国处于工业化中期阶段，产业结构发展规律基本与库兹涅茨和钱纳里总结的国际经验相符，不同的是：就业结构变动与产业结构不协调。因此，众多学者探讨两者之间的相关关系，包括互动关系、关联性分析、协调性分析、偏离与失衡、动态关系以及两者关系的实证分析等。从总体趋势上来看，学者的研究对象从整个中国逐渐转向某一地区、省份或者其所在城市。

陈桢（2007）、夏杰长（2000）、张建武等（2005）在结合一般经验的基础上，通过比较中国和世界经济发达国家劳动就业结构的差距，并在对“比较劳动生产率”“结构偏离度”进行实证分析后指出：中国产业结构与就业结构的变动关系处于失衡状态，就业结构变动显著滞后于产业结构变动。赵杨等（2010）从细化到产业中各行业的就业吸纳能力来研究产业结构与就业结构的关联性，得出从提高产业增加值总量来提升就业水平角度而言，第三产业优于第二产业，但具体到产业内的行业来说，建筑业，卫生、社会保障和社会福利业，水利、环境和公共设施管理业三个行业相比其他行业具有很强的就业发展潜力。王忠平（2010）、崔亮（2008）、李玉凤（2008）等都研究了两者的相关关系。

还有学者以某一地区、城市为研究对象，探讨两者的相关关系。张梅、陈喜强（2009）以广东、广西、云南和海南四省份作为泛珠三角经济区成员，比较四省份产业结构与就业结构的变动关系。吴江等（2006）在描述四川省改革开放以来产业结构与就业结构演变趋势基础上，研究了四川省产业结构与就业结构的动态变化关系。宋燕波（2007）研究了大连市产业结构和就业结构现状，进行了相关性分析，得出大连市产业结构与就业结构不相协调的结论并提出改进措施。李雁玲（2008）对澳门产业结构和就业结构的变动进行了研究。

学者们大多以配第-克拉克定律、库兹涅茨的多国统计和钱纳里的多国模型等一定的产业结构发展规律为依据，通过横向和纵向数据比较研究，分析了产业结构与就业结构的相关关系，普遍认为，目前中国就业结构不适应产业结构转变。

（2）关于产业结构变动对就业结构的影响研究

20世纪90年代以来，中国产业结构变动给劳动就业带来了显著的影响。与结构调整周期同步，就业结构出现了不同变动特征。已有的文献大多支持产业结构变动对于中国就业的显著影响。

国家发改委宏观经济研究院课题组（2008）通过比较中国三次产业就业结构的变动过程后得出，第一产业比重逐渐下降，第二产业比重趋稳，变化不大，第三产业比重逐步上升；在就业的产业结构中，第一产业呈现出低产出、高就业特征，农村存在大量剩余劳动力，第二产业就业结构与第二产业产值同步，而第三产业就业结构变动与该产业产值不同步。李文星（2012）通过面板计数模型分析了结构优化能否带来就业增长。计量结果显示，中国发展第三产业能够吸收更多的就业人口，而第二产业的发展会减少就业，主要由于重工业为主的经济增长模式对就业增长具有显著的抑制作用，尤其在中国第二产业中的资本有机构成比例偏高，第二产业的发展是排斥劳动力的。朱轶等（2009）也得出了相似的结论，结果表明第二产业产值份额的提升并不能有效促进中国整体就业。第三产业份额的提升对中国就业具有显著的促进作用，对就业的吸纳能力最强。王少国（2005）研究了经济增长、产业结构升级对城镇就业的影响，得出城镇就业增长主要依赖于第三产业，尤其是社会服务业和其他渠道就业等。刘晓英（2011）通过对1978—2009年中国产业和就业数据进行实证分析和检验，发现第一产业产值是第三产业就业人数的格兰杰原因，第二产业对就业的吸纳能力有限，但对第三产业的就业增长有很强的促进作用。

学者的研究表明，中国产业结构变动与发达国家工业化进程的一般规律基本一致。与此同时，就业结构也在不断调整，但与产业结构相比，虽然变化方向基本相同，但程度有所不同。产业结构的变动必须有合理的就业结构与之适应，否则产业结构的升级就会遇到阻碍。

（3）关于产业结构和就业结构发展趋势、变化趋势、演进等的分析

在对这一内容的研究中，学者们多以某省或地区为研究对象，从整体来研究中国产业结构与就业结构发展演变的文献并不多。西南财经大学博士研究生奉莹（2009）对改革开放以来中国就业结构的演变过程及其影响因素进行了研究，采用人工神经网络的方法建立了就业结构模型，对影响中国就业的产业结构进行了仿真和预测；梁艳菊等（2006）

通过对重庆市历年经济数据的分析，研究了重庆市产业结构和就业结构变动趋势，发现重庆市第三产业吸纳劳动力的能力有逐渐下降并向第二产业流动的趋势；胡华敏（2007）论述了河南省产业结构调整状况，分析了河南省就业结构“非农化”变动的特征，并预测了产业结构与劳动力就业结构转移发展的趋势；徐向东（2009）、李艳（2006）分别研究了广东省和陕西省产业结构与就业结构的演进分析。

（4）进一步讨论的问题——产业发展的主导：第二产业还是第三产业

多数学者都认为，中国产业结构比例不合理，表现为：第二产业比重过大而第三产业比重偏低，发展的重点应倾向于第三产业。郭克莎（1999）认为，产业结构的偏差既制约了经济增长速度，又影响了经济增长质量的提高，第三产业的发展受景气循环的影响较小，很多服务业的需求在经济衰退时仍保持相对稳定，因此，要控制工业部门扩张，加快第三产业发展。夏杰长（2000）从产业发展带动就业角度出发，对比三次产业内部的就业增长弹性系数，发现第三产业的就业弹性最高，是吸纳劳动力的主要渠道，因而提出要优先发展第三产业，拓宽就业渠道。赵杨等的研究（2010）也认为，近两年来，无论在对城镇单位人员就业的“存量吸纳能力”方面还是在“增量吸纳能力”方面，第三产业均高于第二产业，第三产业能更有效地通过提高增加值的方式提升就业水平。

但也有一部分学者质疑上述观点。金碚（2010）认为，中国的三次产业结构是否合理既取决于经济发展的一般规律，又会受到中国国情的影响。较高的第二产业比重是符合中国世界制造业基地的地位和发挥中国的比较优势的。产业结构方面的问题主要不是各层次产业之间比例的高低，而是由产业发展方式粗放和发展质量低下引发的相关问题，如重化工业粗放增长带来的资源环境和能源压力增强、资本深化与劳动力数量巨大之间的矛盾以及高技能的劳动力短缺等方面。林毅夫（2010）认为产业结构内生于要素禀赋结构，产业结构升级必须以要素禀赋结构的升级为前提。胡秋阳（2006）认为，发达国家就业以第三产业为主是已进入以“服务经济化”为代表的成熟阶段才有的特征，与中国当前情况有着本质区别。在发达国家，第三产业在中间投入结构中的份额是不断增加的。因此，第三产业的产业关联特性对第三产业劳动力投入有扩大效果，而在中国，这一因素是缩小第三产业劳动投入的。刘伟（2002）的经验研究也证明，过去中国经济的增长主要是靠制度改革，由第三产业拉动，然而第三产业的结构扩张会降低第一产业和第二产业对经济规模的正效应。对于工业化未完成的发展中国家，经济增长的主要动力在于工业制造业，第三产业结构扩张更主要的作用在于完善市场化。所以对于目前中国来说，只有提高第一产业和第二产业的效率才能获得长期稳定的经济增长。社科院工经所李刚等（2011）从发达国家三次产业效率、三次产业供给与需要、国际贸易等方面进行了分析，提出第二产业特别是制造业的加快发展仍旧是中国产业升级的方向及产业政策的着力点。发达国家第三产业比例不断提高，并非反映了第三产业是产业升级的方向，也绝非说明第三产业比第二产业高级。

主张第三产业优先发展的学者们主要是依据多国的经济实践，产业结构的轻型化和高级化是发达国家经济的特征，产业结构最终将形成三、二、一的发展格局；认为应以第二产业为主导的学者，更多的是从中国的国情及现有的资源禀赋优势出发的，认为产业结构的协调发展的意义更加重要。

2.3 产业结构、就业结构与教育结构关系研究

现有研究中，许多学者关注到产业结构、就业结构与教育结构三者形成了体系，并对此进行了一定的研究。然而许多研究仅仅分析就业结构与教育结构的互动。也有部分学者考察了产业结构与教育结构之间的关联。还有少数学者对三个结构进行了考察，但只是从表面上分析了三者之间的关系，并没有深入挖掘其中的具体联系和机理。关于产业结构、就业结构与教育结构三者的联动，国外文献几乎没有涉及，国内文献中，丁继勇（2007）将人口素质结构引入产业结构中，以国际比较的方式验证了配第-克拉克定理，并分析出产业结构、就业结构与教育之间的关系。金福子（2009）对河北省产业结构、就业结构与教育结构的

相关性进行分析，运用劳动生产率变动和就业弹性，得出河北省产业结构与教育结构不相适应的结论。刘祯文（2014）以就业结构作为连接点，研究了内蒙古自治区产业结构、就业结构与高等教育结构三者的关系，得出内蒙古高等教育结构发展和人才结构存在的矛盾和问题，并提出调整内蒙古高等教育结构的相关建议。学者们试图从多角度分析产业结构、就业结构与教育结构的相关关系，但对于这一问题尚未形成定论，也没有形成系统分析的研究框架，实证分析有待进一步拓展。通过对现有国内外文献的综合整理，可以将目前的国内外研究现状分类总结如下。

2.3.1 产业结构与教育结构的关系

1）国外研究现状

国外文献针对教育结构和产业结构的研究较少，并且主要集中于教育与经济发展之间的联系。Miroslav（2009）对斯洛文尼亚的教育与经济增长数据研究后发现，教育显著促进经济的长期增长。Jonathan Temple（2001）认为，美国经济增长来自于技术创新，而最终来源于教育的发达，并认为教育投资是教育发达的一个重要原因。Charles Fadel（2007）认为，学校教育是工业发展的必要条件，由普通教育形成的教育知识资本与由技术研发形成的技术知识资本是不同的，两者分别属于同质人力资本和异质人力资本。Eric A.Hanushek（2008）从教育质量角度来研究教育对经济增长的促进作用，他用50个国家的数据证明了人们普遍的认知能力与长期经济增长的密切关系，认为教育质量对长期经济增长的作用需要较长时间才能显现。

2）国内相关研究

在教育结构与产业结构方面，国内学者以研究高等教育学科结构为主，探讨教育结构与产业结构的相关关系。陈超（2001）介绍了在产业结构现代化进程中高等教育结构可能面临的问题和挑战，以及发达国家针对这些问题对高等教育结构提出的改革措施。赖德胜（2012）的研究指出，要加强高等教育与劳动力市场、产业结构之间的联系和互动，政府应将自主权交还给大学，发挥大学的主动性来适应产业结构的变动及劳动力市场变化并作出规模和内部结构的调整。陈万明（2012）利用江苏省1998—2009年的时间序列数据，基于Moore结构变化值，采用时间平移及灰色关联方法，对高等教育结构与产业结构互动关系中的时滞进行测算。研究表明，高等教育学科结构与产业结构变化之间的时滞为3年，两者间基于就业结构产生的间接时滞为7年。乔学斌（2013）研究了高等教育结构、毕业生就业结构与产业结构的共变与互变规律，印证了以上结论。许洪芳（2014）基于产业结构演进视角研究了山东高等教育学科结构，构建了高等教育学科结构与产业结构之间的回归模型，并对山东高等教育学科结构的调整方向进行了预测。杜传忠（2014）对中国高等教育结构与产业结构的适应性进行分析，认为要以产业结构升级为目的对高等教育结构进行战略性调整，并提出在国家层面和地方高校层面上发展的对策。

2.3.2 就业结构与教育结构的关系

1）国外相关研究

在教育结构与就业结构方面，Brown（2003）、Zwick（2012）、Jackson（2013）和Cummings（2014）研究了教育与就业匹配问题，认为如果就业结构没能吸收那些需要受过教育的职业，那么劳动力市场上将会出现过度教育。Enrico Moretti（2003）、Chrys Gunasekara（2004）和Charles Fadel（2007）研究了教育与职业发展问题，并侧重于教育收益，认为教育使人力资本存量增加，教育不仅表现在个人收益上，还体现在社会生产率的提高、犯罪率下降以及选民参与政治等方面。Joop Hartog（2000）将明瑟收益率方程推广到考虑了劳动力市场需求的ORU方程，利用5个国家的数据得出结论：过度教育回报率小于所需教育的回报率，但仍为正数，而教育不足的回报率为负，并且对于教育不足的惩罚小于所需教育的收益率。Oener（2006）针对欧洲经济中出现的危机问题，提出教育结构要与就业状况相结合，避免失业等危机现象。Goos（2007）结合英国出现的就业危机，深入研究了教育应当有针对性地面向三次产业就业结构进行培训，为避免资源的配置型浪费提供理论支撑。

2）国内相关研究

在此方面，国内学者也开展了广泛而深入的研究。丁继勇（2007）对教育结构和就业结构之间的关系进行了详细研究，运用单位根检验、协整检验和格兰杰因果检验对教育结构和就业结构之间的关系进行实证分析，探讨两者之间的因果关系，得出教育并不能直接促进就业增长，而就业增长则对不同教育程度的劳动力就业有不同影响。文玉春（2008）从高等教育结构与就业结构关系入手，利用协整检验与格兰杰因果检验方法，得出了中国就业结构是高等教育结构的原因，而高等教育结构不是就业结构的原因，两者关系具有单向性。张莉等（2008）提出了区域高等教育资源结构调整与优化的基本思路图，认为教育资源配置的合理与否对高等教育产业的发展起决定性的作用。陈钱敏（2008）以福建省的数据为例研究了高等教育学科专业结构与人口职业结构的关系，并将福建省的人口职业结构与发达国家数据相比较，认为福建省的专业技术人员与发达国家相比还有较大差距，必须调整高等教育学科专业结构以优化福建人口职业结构。彭尚平等（2010）具体考察了中国教育结构中职业教育的部分，根据国际上通行的职业教育与普通教育投资比标准，认为中国教育结构中的职业教育投资不足。陈姣姣（2011）在对高等教育学科结构以及就业结构的发展变迁梳理的基础上，定量分析了四川省就业结构以及高等教育科类结构现状，并建立了各行业与分学科在校生人数的最优回归模型。郑程（2011）和郭继强（2014）均建立了教育-就业结构与就业-产业结构的分析框架，以推动和强化产业结构、就业结构和教育结构三者之间的互动和联动。以上研究大多利用计量方法对两个结构进行分析，没有深入分析两者内在关联以及互动作用机理。

3 产业结构与就业结构演进关系研究

在经济发展过程之中，产业结构的变化和就业结构的演进相互联系、相互影响、相互制约。一方面，产业部门是就业的直接载体。当生产要素从低效率部门向高效率部门流动时，会造成不同部门之间的此消彼长，处在动态变化之中，这种产业结构的变动必然导致劳动力在不同产业之间产生转移流动，从而形成就业结构的变化。产业结构的调整必然会导致各产业的收益不同，从而带动就业结构随之发生相应变动。另一方面，劳动力在不同的产业结构中的数量、质量分布及流动方式不同，又将影响产业结构的变动。在这一互动过程中，产业结构与就业结构相互影响、相互制约，呈现出某种内在联系。

国民经济的健康发展要求产业结构与就业结构相互适应、彼此协调，产业结构的演进要有合理的就业结构与之适应，否则产业结构的调整升级就会受到阻碍。因此，明确产业结构与就业结构各自随年度变化的特征，掌握演进规律，剖析两者之间的相互关系及变化规律，才能够依据科学的手段制定和实施合理的产业和就业政策，这也是保持经济持续、快速、健康发展的必要前提和手段，具有重要的理论和应用价值。据此，本章在深入研究产业结构和就业结构对年度动态变化的基础上，采用回归理论分析了产业结构与就业结构随年度变化的规律，确定相关性关系，并利用非线性多项式回归理论提高建立模型的精确性，同时对产业结构与就业结构之间的相关性进行研究，建立两者之间的非线性回归模型，掌握变化规律，在此基础上对产业结构和就业结构的偏离进行分析与探讨，为制定合理的就业与产业政策奠定理论基础。

3.1 产业结构动态演进规律与模型

3.1.1 回归理论基本概念

1）线性回归理论

产业产值和就业人数与年度之间是相互联系、相互制约的，而这一关系是非确定性的关系，即数据之间虽有一定的关系却又不完全确定，不能用确定的函数关系来表达，这种关系叫作相关关系，而回归分析就是研究这种相关关系的一种统计方法。此外，此处分析的是三次产业产值和就业人数随年度变化的规律，所以属于一元线性回归分析。一元线性回归就是寻求两个变量间的线性统计回归关系。假设变量y和x之间存在一定的相关关系，回归分析方法即找出y的值随x值的变化规律，可以称y为因变量，x为自变量，一元线性回归即确定如下关系：

$$y = \alpha + \beta x + \varepsilon \tag{3-1}$$

其中，$\alpha + \beta x$表示y随x的变化而呈线性变化的部分，ε代表随机因素影响的总和，可简称为随机误差，它是不可观测的随机变量，并假定其数学期望E（ε）=0，方差D（ε）=σ^2，且ε服从正态分布N（0，σ^2）。一元线性回归分析的首要任务就是要根据具体数据求得式（3-1）中位置参数α与β的估计值a和b，得到如下估计值：

$$\hat{y} = a + bx \tag{3-2}$$

其中，a和b称为回归系数，b是回归直线的斜率，a是回归直线的截距。

建立经验回归方程的目的是揭示两个相关变量之间的内在规律，但是对于有的样本观测值，两个变量之间根本不存在线性相关关系，即使能够得到式（3-2）所示的关系式，也不具有实际意义，为了衡量线性回归方程的有效性，本书引入回归显著性检验的方法对数据之间的回归效果进行评价。为实现这一目标，还需要定义如下性能指标。

（1）如果 $\bar{y} = \frac{1}{n}\sum_{i=1}^{n} y_i$，则可定义总的离差平方和，记作SST，用以反映 y_1，y_2，…，y_n 的离散程度，即：

$$SST = \sum_{i=1}^{n}(y_i - \bar{y})^2 = \sum_{i=1}^{n} y_i^2 - \frac{1}{n}\left(\sum_{i=1}^{n} y_i\right)^2 \tag{3-3}$$

（2）如果 $\bar{\hat{y}} = \frac{1}{n}\sum_{i=1}^{n} \hat{y}_i$，则可定义回归平方和，记作SSR，用以反映 $\hat{y}_1$，$\hat{y}_2$，…，$\hat{y}_n$ 的离散程度，即：

$$SSR = \sum_{i=1}^{n}(\hat{y}_i - \bar{\hat{y}})^2 \tag{3-4}$$

（3）同样，可定义剩余平方和（或残差平方和），记作SSE，用以反映观测值与回归值之间的偏离程度，即：

$$SSE = \sum_{i=1}^{n}(y_i - \hat{y}_i)^2 \tag{3-5}$$

由以上定义，可进一步获得SSE=SST-SSR。若回归方程有意义，即y的波动主要是由自变量x的变化引起的，其他一切因素可忽略，此时要求SSR尽可能大，而SSE尽可能小。

通过以上定义的各个变量，则可以通过方差分析法（又称F检验法）对线性回归作出定性的判断。F可以通过令 $\beta = 0$ 为真进行定义，具体如下：

$$F = \frac{SSR}{SSE/(n-2)} \propto F(1, n-2) \tag{3-6}$$

当 $\beta \neq 0$ 时，F有变大的趋势，故应取单侧拒绝域。对给定的显著性水平 α，当 $F \geqslant F_{\alpha}(1, n-2)$ 时，表明 $\beta = 0$ 不真，称方程是显著的；反之则方程不显著。这种对回归方程作显著性检验的方法称为方差分析。

此外，为了衡量回归直线对样本数据点的拟合程度，即确定变量y

的各个观测值点聚在回归直线 $\hat{y} = a + bx$ 周围的紧密程度，可以通过判定系数（也称测定系数）r^2 来表示。变量 y 的各个观测值点与回归直线越靠近，SSR 在 SST 中所占的比重就越大，因而定义判定系数为：

$$r^2 = \frac{SSR}{SST} = \frac{\sum_{i=1}^{n}(\hat{y}_i - \bar{\hat{y}})^2}{\sum_{i=1}^{n}(y_i - \bar{y})^2} \tag{3-7}$$

显然，r^2 越接近于1，用 x 的变化解释 y 的偏差的部分就越多，表明回归直线与各观测值点越接近，回归直线的拟合程度就越好。判定系数 r^2 在［0，1］进行取值。

判定系数 r^2 描述了回归直线对样本数据点的拟合程度，但无法表示出变量 y 的观察值 x_i 与回归直线 $\hat{y}_i = a + bx_i$ 的绝对离差数额，因此，可以引入估计标准误差来进行评价。估计标准误差反映的是变量 y 对 x 的最小二乘回归的估计标准误差，可以定义为：

$$S = \sqrt{\frac{\sum_{i=1}^{n}(y_i - \hat{y}_i)^2}{n-2}} = \sqrt{\frac{\sum_{i=1}^{n}\varepsilon_i^2}{n-2}} \tag{3-8}$$

上述变量 S 可以作为 y 值与回归直线偏差的测度，其计量单位与变量 y 的单位相同，显然 S 越小表明线性回归的误差越小。

2）相关系数理论

相关系数是在直线相关的条件之下，说明两个变量之间相关关系密切程度和方向的统计分析指标，通常用变量 r 来表示。其表现形式为相对数，不受变量值和计量单位的影响。后续研究涉及的各受教育程度，即未上过学、小学、初中、高中和大专及以上，其人数分布与第一产业中的就业人数相比，各变量量纲之间存在较大差异，而散点图不能直观给出各受教育程度变量与第一产业就业人数之间的统计关系。因此，选择相关系数这一统计学重要概念对上述各变量之间的相关性进行衡量。

相关系数的具体取值有一个范围：$-1 \leqslant |r| \leqslant 1$。在方向上，当 $r > 0$ 时，表示两个变量之间为正相关；当 $r < 0$ 时，表示两个变量之间为负相关；当 $r = 1$ 时，表示完全正线性相关；当 $r = -1$ 时，表示完全负线性相关；当 $r = 0$ 时，表示完全不线性相关。对于相关密切程度等级而

言，定义 $0<|r|<0.3$ 为微相关，$0.3\leqslant|r|<0.5$ 为低度相关，$0.5\leqslant|r|<0.8$ 是显著相关，$0.8\leqslant|r|<1$ 为高度相关。假设x与y为两个需要分析的变量，需要注意的是r仅表示x与y的直线相关程度，而当|r|很小或者等于0时，并不一定表示x与y之间不存在其他非线性关系。

在直线相关的条件之下，相关系数的定义公式是通过自变量与因变量的各离差乘积表示相关关系的密切程度的。而此时相关系数的计算方法被称为Pearson积差相关。计算此相关系数的基本公式可以表示为：

$$r=\frac{\sigma_{xy}^2}{\sigma_x\sigma_y} \tag{3-9}$$

其中：

$\sigma_{xy}^2=\dfrac{\sum(x-\bar{x})(y-\bar{y})}{n}$ 称为协方差；

$\sigma_x=\sqrt{\dfrac{\sum(x-\bar{x})^2}{n}}$ 称为x的标准差；

$\sigma_y=\sqrt{\dfrac{\sum(y-\bar{y})^2}{n}}$ 称为y的标准差。

据此，根据相关系数的定义，可以将式（3-9）重新表示为：

$$r=\frac{\sum(x-\bar{x})(y-\bar{y})}{\sqrt{\sum(x-\bar{x})^2\cdot\sum(y-\bar{y})^2}} \tag{3-10}$$

需要强调的是，利用式（3-10）计算相关系数非常繁琐，因为必须提前计算变量的均值。经代数转换，可以将式（3-10）转化为更为简单的形式，避免均值的影响，经演化最终的相关系数计算公式可以表示为：

$$r=\frac{n\sum xy-\sum x\sum y}{\sqrt{n\sum x^2-(\sum x)^2}\cdot\sqrt{n\sum y^2-(\sum y)^2}} \tag{3-11}$$

其中：n表示数据的项数。

此处的相关系数r与前述的判定系数 r^2 相似，都是对样本数据点拟合程度的一种测度，需要注意的是与前述的判定系数 r^2 有一定的关系，在一元线性回归中，线性相关系数r实际上是判定系数 r^2 的平方根，即：

$$r=\pm\sqrt{r^2} \tag{3-12}$$

同样，r的正负号与回归系数的正负号相同，$|r|$越接近1，表明回归直线对样本数据点的拟合程度越高。从定义上可以看出，相关系数r比判定系数r^2更具有实用性，因为其还能反映出相关性的具体性质，因此，在以下分析中采用相关系数r对变量进行分析。

3）多项式非线性回归

当数据间线性程度较差，采用线性回归理论得到的结果无法满足对数据拟合精度的要求，线性回归模型不能准确刻画变量演进规律的时候，可以考虑利用多项式的方法进行非线性回归。

总体而言，非线性回归理论主要采用两种方法。其中之一是通过变量变换把非线性方程加以线性化，然后对线性化的方程应用最小二乘法求解回归方程，这种方法要求首先确定自变量与因变量之间内在关系的函数类型。函数类型是多种多样的，常见的一些非线性函数主要包括：倒幂函数型、双曲线型、幂函数型、指数型、倒指数型、对数型和S形曲线型。在回归时选取哪种函数，主要根据有关的理论知识或依据散点分布，进行经验性的选择。但是并不是所有的一元非线性函数都能转换为一元线性方程，因此，这种方法往往具有一定的局限性。从“初中”和“高中”两种学历程度的人员数据的散点图可以看出，很难找到恰当的函数进行一元线性方程的转换，因此，可以考虑采用一元多项式回归方法对这两组变量进行非线性拟合。

理论上任何复杂的一元连续函数都可以采用高阶多项式进行近似表达。因此，对于很多比较难直线化的一元函数，可以采用下式进行拟合：

$$\hat{y} = b_0 + b_1 x + b_2 x^2 + \cdots + b_n x^n \tag{3-13}$$

虽然多项式的阶次越高，回归方程与实际数据的拟合程度就会越高，但是阶数越高，回归计算中的舍入误差的积累也会越大，所以当阶次n过高时，回归方程的精确度反而会变低，甚至得不到合理的结果。因此，选择拟合方程的阶次是一个不断试错和权衡的结果。此外，为了评价拟合的效果，判定系数r^2与估计标准误差S等均可以使用。

4）多元线性回归理论

（1）多元线性回归模型

以上理论是针对双变量之间的两两相关性和回归模型，当涉及多变量时，如就业结构中人员在三次产业中的分布受“未上过学”、“小学”、“初中”、“高中”和“大专及以上”五种学历层次人员数量的综合影响，即因变量y受多个自变量$x_i(i=1,\cdots,m-1)$的作用，属于多重回归或复回归。此处在进行多元回归时，假定因变量和自变量之间属于线性关系，所进行的回归为多元线性回归。其基本原理如下：

假设y是一个可观测的随机变量，它受到m-1个非随机因素x_1，x_2，…，x_{m-1}和随机因素ε的影响。假设y与x_1，x_2，…，x_{m-1}有如下线性关系：

$$y=\beta_0+\beta_1x_1+\beta_2x_2+\cdots+\beta_{m-1}x_{m-1}+\varepsilon \tag{3-14}$$

式中，β_0，β_1，β_2，…，β_{m-1}是待确定的未知参数，随机因素ε是均值为零、方差为$\sigma^2>0$的不可观测变量，称为误差项，一般假定$\varepsilon\sim N(0,\sigma^2)$。定义：

$$\hat{y}=b_0+b_1x_1+b_2x_2+\cdots+b_{m-1}x_{m-1},\ i=1,2,\cdots,n \tag{3-15}$$

为多元回归模型，且称y为因变量，x_1，x_2，…，x_{m-1}为自变量。如果建立多元线性回归模型，首先要估计未知参数β_0，β_1，β_2，…，β_{m-1}的估计值b_0，b_1，b_2，…，b_{m-1}，因此，可以进行$n(n\geqslant p)$次独立观察，得到n组数据（称为样本），即：

$$(x_{i_1},x_{i_2},\cdots,x_{i_{m-1}};y_i)\qquad i=1,2,\cdots,n$$

这些数据需要满足如下关系式：

$$\begin{cases}y_1=\beta_0+\beta_1x_{11}+\beta_2x_{12}+\cdots+\beta_{m-1}x_{1,m-1}+\varepsilon_1\\ y_2=\beta_0+\beta_1x_{21}+\beta_2x_{22}+\cdots+\beta_{m-1}x_{2,m-1}+\varepsilon_2\\ \vdots\\ y_n=\beta_0+\beta_1x_{n1}+\beta_2x_{n2}+\cdots+\beta_{m-1}x_{n,m-1}+\varepsilon_n\end{cases} \tag{3-16}$$

式中，ε_1，ε_2，…，ε_n相互独立并且服从$N(0,\sigma^2)$分布。此外，令：

$$Y=\begin{bmatrix}y_1\\y_2\\\vdots\\y_n\end{bmatrix}_{n\times1},\ X=\begin{bmatrix}1&x_{11}&x_{12}&\cdots&x_{1,\ m-1}\\1&x_{21}&x_{22}&\cdots&x_{2,\ m-1}\\\vdots&\vdots&\vdots&\vdots&\vdots\\1&x_{n1}&x_{n2}&\cdots&x_{n,\ m-1}\end{bmatrix}_{n\times m},\ \beta=\begin{bmatrix}\beta_1\\\beta_2\\\vdots\\\beta_{m-1}\end{bmatrix}_{m\times1},\ \varepsilon=\begin{bmatrix}\varepsilon_1\\\varepsilon_2\\\vdots\\\varepsilon_n\end{bmatrix}_{n\times1}$$

则在上述新引入的变量基础上，可以将式（3-16）重新列写为：

$$Y=X\beta+\varepsilon \tag{3-17}$$

式中，Y称为观测向量，X称为设计矩阵，它们是已知的，可由观测数据得到。β是等待估计的未知参数向量，ε是不可观测的随机误差向量。式（3-17）称为多元线性回归模型的矩阵形式，也称为高斯-马尔科夫线性模型，简记为$(Y, X\beta, \sigma^2 I_n)$。

（2）最小二乘估计

为求出$\beta_0, \beta_1, \beta_2, \cdots, \beta_{m-1}$的估计值，可以采用最小二乘法进行求解，首先需要构造误差平方和Q如下：

$$Q = \varepsilon^T \varepsilon = (Y - X\beta)^T (Y - X\beta) \tag{3-18}$$

该误差平方和能够反映y与$\sum_{j=0}^{m-1} x_{ij}\beta_j$之间在n次观测中总的误差程度，要求Q越小越好。因此，可取使得Q达到最小值时β的估计值$\hat{\beta}$作为点估计，即要求$\hat{\beta}$满足如下关系：

$$(Y - X\hat{\beta})^T (Y - X\hat{\beta}) = \min_{\beta} \{(Y - X\beta)^T (Y - X\beta)\} \tag{3-19}$$

为求$\hat{\beta}$，可以令Q对β求导，使其为零，即：

$$\frac{dQ}{d\beta} = 0 \tag{3-20}$$

由于rank（X^TX）=rank（X）=m，故（X^TX）$^{-1}$存在，解正规方程即得到β的最小二乘估计$\hat{\beta}$为：

$$\hat{\beta} = \begin{bmatrix} b_0 \\ b_1 \\ \vdots \\ b_{m-1} \end{bmatrix} = (X^T X)^{-1} X^T Y \tag{3-21}$$

（3）误差方差σ^2的估计

将自变量的各组观测值代入回归方程中，可以得到因变量的各估计值（称为拟合值）为：

$$\hat{Y} = [\hat{y}_1, \hat{y}_2, \cdots, \hat{y}_n]^T = X\hat{\beta} \tag{3-22}$$

如果定义：

$$e = Y - \hat{Y} = Y - X\hat{\beta} = [I - X(X^T X)^{-1} X^T] Y = (I - H)Y \tag{3-23}$$

其为残差向量或剩余向量，则称标量剩余平方和为：

$$Q_e = e^T e = (Y - X\hat{\beta})^T (Y - X\hat{\beta}) = Y^T (I - H) Y = Y^T Y - \beta^T X^T Y \tag{3-24}$$

在此基础上，可以给出误差方差σ^2的一个无偏估计为：

$$\hat{\sigma}^2 = \frac{1}{n-m} e^T e = \frac{1}{n-m} Q_e \tag{3-25}$$

（4）因素主次的判断

在实际的应用中，经常需要对多元线性回归方程中的自变量进行主次判断，以便抓住主要矛盾，更好地解决实际问题。从这一角度出发，可以采用标准偏回归系数的方法进行主次关系的排序。

在多元线性回归方程之中，偏回归系数b_0，b_1，b_2，…，b_{m-1}表示x_j对y的具体作用效应，但是在一般条件下，b_j($j = 1, 2, \cdots, m-1$)的大小并不能够直接反映自变量的相对重要性，主要是因为b_j的取值会受到各个因素单位取值的影响。因此，可以考虑对偏回归系数b_j进行标准化变换来解决这一问题。

设偏回归系数b_j的标准化系数为P_j($j = 1, 2, \cdots, m-1$)。P_j的计算公式为：

$$P_j = |b_j| \sqrt{\frac{L_{jj}}{L_{yy}}} \tag{3-26}$$

其中：

$$L_{jj} = \sum_{i-1}^{n} (x_{ij} - \bar{x}_j)^2$$

$$L_{yy} = SST = \sum_{i=1}^{n} (y_i - \bar{y})^2$$

根据标准化回归系数P_j的大小就可以直接判断每个自变量x_j对实验结果y的重要程度，P_j越大，则对应的因素就越重要。

3.1.2 产业结构时间序列演进分析

1）三次产业产值时间序列演进分析

《中国统计年鉴》详细地记录了中华人民共和国成立以来历年的第一、二、三产业的实际生产总值，但是由于改革开放以前中国经济属于传统的计划经济，经济运行不完全符合市场经济的发展规律，因此，本书并不对这一时间段的数据进行分析，只对1978年中国实行改革开放以来的各项产业数据进行统计、归纳、分析与总结。经过整理，可以将1978—2013年的36年间的产业具体产值列示出来，见表3-1。需要强调的是：其一，表中“国民总收入”和“国内生产总值”并不相同，两者在不同的年份表现出不同的数值，具体哪个数量较大应该根据具体情况而定；其二，在第二产业的数据中，列出了“工业”和“建筑业”两种数据，这两个具体行业在第二产业中占有相对较大的比例，可以为掌握第二产业的行业构成提供数据支撑。

表3-1　　**1978—2013年以来中国三次产业结构数据**　　单位：亿元

年份	国民总收入	国内生产总值	第一产业	第二产业			第三产业
				总计	工　业	建筑业	
1978	3 645.2	3 645.2	1 027.5	1 745.2	1 607.0	138.2	872.5
1979	4 062.6	4 062.6	1 270.2	1 913.5	1 769.7	143.8	878.9
1980	4 545.6	4 545.6	1 371.6	2 192.0	1 996.5	195.5	982.0
1981	4 889.5	4 891.6	1 559.5	2 255.5	2 048.4	207.1	1 076.6
1982	5 330.5	5 323.4	1 777.4	2 383.0	2 162.3	220.7	1 163.0
1983	5 985.6	5 962.7	1 978.4	2 646.2	2 375.6	270.6	1 338.1
1984	7 243.8	7 208.1	2 316.1	3 105.7	2 789.0	316.7	1 786.3
1985	9 040.7	9 016.0	2 564.4	3 866.6	3 448.7	417.9	2 585.0
1986	10 274.4	10 275.2	2 788.7	4 492.7	3 967.0	525.7	2 993.8
1987	12 050.6	12 058.6	3 233.0	5 251.6	4 585.8	665.8	3 574.0
1988	15 036.8	15 042.8	3 865.4	6 587.2	5 777.2	810.0	4 590.3
1989	17 000.9	16 992.3	4 265.9	7 278.0	6 484.0	794.0	5 448.4
1990	18 718.3	18 667.8	5 062.0	7 717.4	6 858.0	859.4	5 888.4
1991	21 826.2	21 781.5	5 342.2	9 102.2	8 087.1	1 015.1	7 337.1
1992	26 937.3	26 923.5	5 866.6	11 699.5	10 284.5	1 415.0	9 357.4
1993	35 260.0	35 333.9	6 963.8	16 454.4	14 188.0	2 266.5	11 915.7
1994	48 108.5	48 197.9	9 572.7	22 445.4	19 480.7	2 964.7	16 179.8

续表

年份	国民总收入	国内生产总值	第一产业	第二产业			第三产业
				总计	工　业	建筑业	
1995	59 810.5	60 793.7	12 135.8	28 679.5	24 950.6	3 728.8	19 978.5
1996	70 142.5	71 176.6	14 015.4	33 835.0	29 447.6	4 387.4	23 326.2
1997	78 060.9	78 973.0	14 441.9	37 543.0	32 921.4	4 621.6	26 988.1
1998	83 024.3	84 402.3	14 817.6	39 004.2	34 018.4	4 985.8	30 580.5
1999	88 479.2	89 677.1	14 770.0	41 033.6	35 861.5	5 172.1	33 873.4
2000	98 000.5	99 214.6	14 944.7	45 555.9	40 033.6	5 522.3	38 714.0
2001	108 068.2	109 655.2	15 781.3	49 512.3	43 580.6	5 931.7	44 361.6
2002	119 095.7	120 332.7	16 537.0	53 896.8	47 431.3	6 465.5	49 898.9
2003	134 977.0	135 822.8	17 381.7	62 436.3	54 945.5	7 490.8	56 004.7
2004	159 453.6	159 878.3	21 412.7	73 904.3	65 210.0	8 694.3	64 561.3
2005	183 617.4	184 937.4	22 420.0	87 598.1	77 230.8	10 367.3	74 919.3
2006	215 904.4	216 314.4	24 040.0	103 719.5	91 310.9	12 408.6	88 554.9
2007	266 422.0	265 810.3	28 627.0	125 831.4	110 534.9	15 296.5	111 351.9
2008	316 030.3	314 045.4	33 702.0	149 003.4	130 260.2	18 743.2	131 340.0
2009	340 320.0	340 902.8	35 226.0	157 638.8	135 239.9	22 398.8	148 038.0
2010	399 759.5	401 512.8	40 533.6	187 383.2	160 722.2	26 661.0	173 596.0
2011	468 562.4	473 104.0	47 486.2	220 412.8	188 470.2	31 942.7	205 205.0
2012	518 214.7	519 470.1	52 373.6	235 162.0	199 670.7	35 491.3	231 934.5
2013	566 130.2	568 845.2	56 957.0	249 684.4	210 689.4	38 995.0	262 203.8

资料来源：根据2014年《中国统计年鉴》整理得到。

为了深入分析和把握不同产业结构的具体产值，直观地看出上述经济数据随年度变化的情况，可按年度时间序列将第一、二、三次产业结构的生产产值变化曲线绘出，如图3-1所示。从中可以明显地看出，第一、二、三次产业的生产产值在1993年以前都呈现较慢的增长，而1993年以后则飞速发展，快速攀升，而第一产业产值增长速度明显小于第二、三产业产值的增长速度，第三产业产值在2012年前后有超过第二产业产值的趋势。

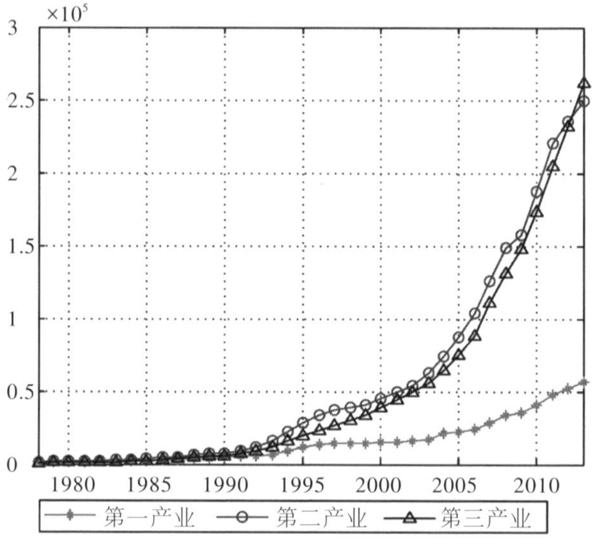

图3-1　第一、二、三产业产值随年度变化曲线

2）产业结构时间序列演进分析

上述按照实际的第一、二、三产业具体产值只能从总体上体现数据的基本走势，无法反映数据之间的相对变化，为了深入研究产业结构中三种数据的相对变化演进规律，可以将相应数据进行换算，在求得总体的GDP产值的基础上，分别计算出各自数据在总数据中所占的比例，绘制比例成分图，以反映各变量数据之间的相对变化。图3-2显示了基于比例数据的三次产业结构动态演进曲线。

在比例数据下，可以明显地看到各数据彼此之间相对变化情况。根据历年的《中国统计年鉴》的数据，1978年以前，由于中国长期实行计划经济体制下的重工业优先发展战略，第二产业产值比重过高，三大产业结构严重扭曲。1978年至今，中国三大产业结构发生了巨大变化，其变动趋势基本符合经济发展的规律，因而本书对1978年以来的数据进行深入分析，从中总结规律并对未来发展进行预测。图3-2按年份绘制了中国第一、第二和第三产业结构的变动趋势曲线。从图3-2中可以看出，1978年至今，中国三大产业比例发生了巨大变化，其变动趋势基本符合经济发展规律，表现为：第一产业占GDP比重持续下降，由1978年的28.2%下降到2013年的10%，下降了18.2个百分点，第一产业占比减少了一半多；第二产业上下波动变化不大，由1978年的47.9%下降到2013年的43.9%，下降了4个百分点；第三产业除个别年份稍有下降外，基本保持上升趋势，由1978年的23.9%上升到2013年的46.1%，上升了22.2个百分点，增长了近一倍。

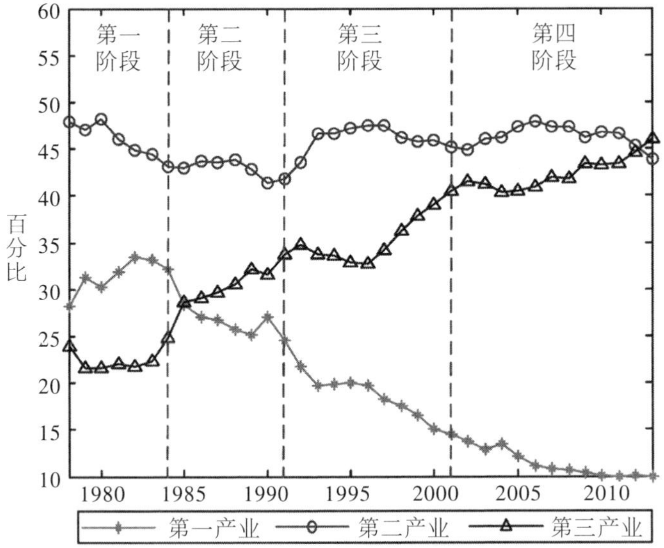

图3-2 1978年以来中国产业结构演进曲线

3）演进规律阶段性分析

总体来看，1978年至今，中国产业结构演进大致经历了四个不同的阶段。在这四个阶段中，产业结构呈现鲜明的格局变化特征。

（1）1978—1984年

1978年后，中国农村实行了家庭联产承包责任制和农产品价格体系两大改革，使农业释放出巨大的潜力，极大地推动了第一产业的发展，第一产业占GDP比重迅速上升，由28.2%上升到34.1%。同时，轻纺工业等消费品行业也得到了很大的发展，重工业比重有所下降，轻重工业的比重关系得到调整，第二产业产值比重由47.9%下降到43.1%。第三产业方兴未艾，由23.9%上升到24.8%。此时，产业结构呈现“二一三”格局。

（2）1985—1991年

随着家庭联产承包责任制的实施，农业的生产力接近全面释放，第一产业产值比重短暂上升后开始逐步下降，由28.4%下降到24.5%。第二产业比重小幅下降，由42.9%下降至41.8%。随着中央出台了一系列鼓励和促进轻工业发展的政策与措施以及加大对第三产业的支持力度，第三产业迅猛发展，由28.7%上升至34.8%，特别是在1985年，第三产业产值比重超过第一产业。此时，产业结构呈现“二三一”格局。

（3）1992—2001年

随着社会主义市场经济体制的确立以及非公有制经济的发展，个体经济和私营经济大量涌现并迅速发展，第三产业得到大力发展，10年间，第三产业产值比重由34.8%上升至40.5%，增加了5.7%。第一产业比重下降的趋势没有改变，由21.8%下降到14.4%，下降了7.4个百分点。第二产业比重在波动中小幅上升，由43.5%上升到45.2%，上升了1.7个百分点。此时，产业结构仍呈现“二三一”格局。

（4）2002—2013年

从2002年开始，中国全面融入全球经济体系，第一产业产值比重继续下降，到2013年，第一产业产值比重仅占GDP的10%，第二产业比重在波动中小幅下降，下降了0.9%，第三产业比重继续上升，由41.5%上升到46.1%，第二、第三产业比重差距越来越小。到2013年，第三产业产值比重首次超越第二产业，高出2.2个百分点。此时，产业结构呈现“三二一”格局。

3.1.3 产业结构动态演进模型

1）产业结构一元线性回归模型

（1）1978—2013年产业结构数据一元回归

第一、二、三次产业的GDP在数值上呈现一定规律的变化，利用拟合的方法可以掌握其随年度变化的规律，应用回归的理论能够建立其演进规律模型，进而能够预测未来年度各次产业产值的发展状况，为政策的制定提供相应的指导。

第一、二、三产业产值的散点图和线性回归如图3-3所示。从各离散的散点可以看出，第一产业的GDP在总量上相比第二、三产业要小很多，但是改革开放以来，在具体数值上增长得非常快，尤其是在1995—2005年的10年间，第一产业即农业的产值波动较大，然后其散点图的总体上升趋势增强，增长速度明显变快；第二产业的产值，即工业的产值，也呈现出类似的变化规律，在相同的时段出现波动之后，在2005年之后也呈快速增长态势，最终在2013年产值达到2.5×10^5亿元左右；以服务业为主的第三产业在整体上规律性更强，与其他两次产业产值的波动变化相比，其表现得不再明显，在产值上有超越第二产业的趋势，近几年增长的速度明显加快，上升趋势显著。

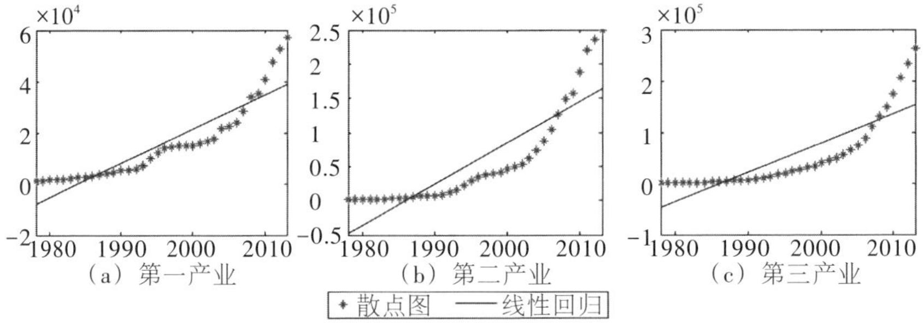

图3-3　1978—2013年三次产业产值线性回归

在对散点图进行了整体的把握和分析后，可以对数据进行线性回归分析，由于1978—2013年的时间跨度较大，这一期间受经济政策变化和政治因素等情况的影响，GDP变化较大，因此，如果利用线性回归的方法对数据进行建模，很难达到很好的回归精度。在衡量线性回归性能时采用与上述相同的指标，一元线性回归的结果见表3-2。

表3-2　**三次产业产值的线性回归性能指标（1978—2013年）**

产业	一元线性回归方程	显著性水平	判定系数	估计标准误差
第一产业	$\hat{y}=-2.6356\times10^6+1.3285\times10^3x$	高度显著	0.9088	6.5189×10^3
第二产业	$\hat{y}=-1.1916\times10^7+6.0001\times10^3x$	高度显著	0.8682	3.6665×10^4
第三产业	$\hat{y}=-1.1352\times10^7+5.7150\times10^3x$	高度显著	0.8445	3.8739×10^4

由表3-2可知，第一产业产值经一元线性拟合后的判定系数为0.9088，估计标准误差为6.5189×10^3，在总体上，第一产业与该产业的产值变量体现为正相关，即随着年份的增加，该产业产值逐年上升，显著性水平评价为“高度显著”；第二产业产值的判定系数则变低，降为0.8682，估计标准误差升高到3.6665×10^4，线性拟合的斜率为6.0001×10^3，呈现正相关关系，表示随年度增加，第二产业产值将显著增加；第三产业的判定系数为0.8445，相对第二产业的判定系数略有下降，估计标准误差变为3.8739×10^4，该回归拟合直线段的斜率为5.7150×10^3，且为正相关，斜率数值相对第二产业变小，说明服务业产值增长速度低于工业产值，这与经济的总体实际规律相违背，从另一个方面说明线性回归的结果具有一定的局限性。

（2）1996—2013年产业结构数据一元回归

以上分析可以看出，产业结构的规律性明显得到改善，但是1978—2013年36年的时间里，中国经济发展状况较为复杂，有些时间段受各种非经济因素的影响，其演进轨迹很难反映出具体的实际变化情况。因此，本节考虑选取1996—2013年18年的中国经济产业结构进行深入分析，拟合的结果将改善回归精度，主要是考虑到这段时间中国经济发展渐趋稳定，符合经济发展规律，同时，这一时间段的中国各项统计数据，包括后续与研究相关的教育程度数据，都相对翔实准确，因此，拟对这一时间段各次产业产值再次进行线性回归。

绘制1996—2013年中国三次产业产值的数据变化散点图和线性回归结果，如图3-4所示。同时，为了进一步衡量线性回归的效果，将回归拟合的指标列出，见表3-3。整体上看，各次产业产值的线性回归判定系数均提高到0.93以上，显著性水平均为“高度显著”。图3-4a中反映的是农业产业的线性回归模型。在该模型中，直线段的斜率为2.4732×10^3。相对其他产业产值的直线段斜率，第一产业的斜率明显较低，说明农业产业的产值增长速度相对较慢，线性回归的判定系数为0.9312；第二产业该时间段的线性回归判定系数为0.9524，相对第三产业的0.9429差距不大，第二、三产业均为正相关。在斜率上，两者之间分别为1.3214×10^4和1.3365×10^4。在斜率的数值上，第三产业超过第二产业，表明在这次的线性回归中，第三产业的增长明显快于第二产业。这些数据的分析结果更加符合中国近年的经济变化特征，其中的规律对于当前产业结构政策的制定和研究将更具有现实的指导意义。

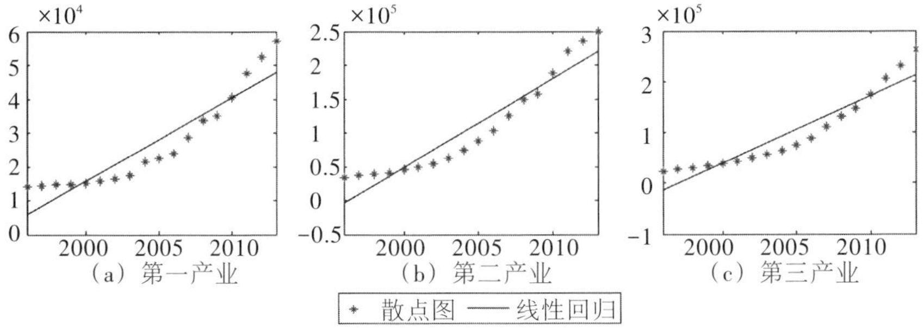

图3-4 1996—2013年三次产业产值线性回归曲线

表3-3 三次产业产值的线性回归性能指标（1996—2013年）

产业	一元线性回归方程	显著性水平	判定系数	估计标准误差
第一产业	$\hat{y} = -4.9305 \times 10^6 + 2.4732 \times 10^3 x$	高度显著	0.9312	5.3285×10^3
第二产业	$\hat{y} = -2.6379 \times 10^7 + 1.3214 \times 10^4 x$	高度显著	0.9524	2.3284×10^4
第三产业	$\hat{y} = -2.6689 \times 10^7 + 1.3365 \times 10^4 x$	高度显著	0.9429	2.5977×10^4

2）产业结构多项式回归模型

（1）1978—2013年产业结构数据多项式回归

由上述分析可知，线性回归得到的模型具有一定的误差，很多情况下还会产生与实际经济发展情况相违背的结论，因此，依据线性回归的模型对未来数据进行预测，预测的数据可信性会遭到质疑。为了增强精度，采用多项式回归的方法进行拟合，多项式拟合结果如图3-5所示。

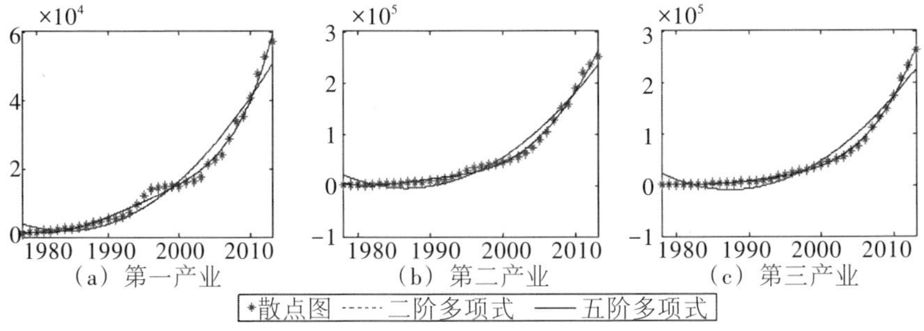

图3-5 1978—2013年三次产业产值多项式回归曲线

①第一产业产值回归模型

图 3-5a 为以农业为主体的第一产业产值多项式回归曲线。从图中明显可以看出，二阶多项式能够很好地拟合离散的数据点，极大地提高了回归的精度，二阶多项式回归的非线性模型如下：

$$\hat{y} = 58.7266x^2 - 2.3305 \times 10^5 x - 2.3121 \times 10^8 \tag{3-27}$$

二阶拟合曲线如图中虚线所示，在这一拟合模型下，判定系数为 0.9823，估计标准误差为 2.9685×10^3，拟合显著性水平提高到“高度显著”。

当采用五阶多项式进行拟合时，多项式模型可以列示为：

$$\hat{y} = 0.0042x^5 - 41.2683x^4 + 1.6400 \times 10^5 x^3 - 3.2586 \times 10^8 x^2 + 3.2374 \times 10^{11} x - 1.2865 \times 10^{14} \tag{3-28}$$

式（3-28）的判定系数提高到 0.9968，此时，拟合的估计标准误差为 1.3232×10^3。从拟合的判定系数指标可以看出，式（3-28）比式（3-27）的判定系数提高得并不多，但是模型的复杂性却增加了很多，因此，一般采用二阶多项式即可满足一般的精度要求。

②第二产业产值回归模型

以工业为主体的第二产业产值回归曲线如图 3-5b 所示。可以从图中明显看出，二阶多项式和五阶多项式的拟合效果提高得并不显著，主要是由于数据都呈现较好的分布。为了说明这一点，可以针对判定系数对回归模型进行分析，二阶多项式回归模型可以列示如下：

$$\hat{y} = 344.5056x^2 - 1.3689 \times 10^6 x + 1.3599 \times 10^9 \tag{3-29}$$

二阶拟合曲线如图中虚线所示。在这一拟合模型下，判定系数为 0.9837，估计标准误差为 1.3475×10^4。为了进一步进行对比，可以采用五阶多项式进行非线性拟合，计算结果如下：

$$\hat{y} = -0.0221x^5 + 221.0295x^4 - 8.8353 \times 10^5 x^3 + 1.7659 \times 10^9 x^2 - 1.7646 \times 10^{12} x + 7.0532 \times 10^{14} \tag{3-30}$$

在五阶拟合模型下，判定系数为 0.9976，而估计标准误差为 5.4591×10^3。从拟合结果可以看出，此时曲线虽然有一些变化，但是五阶拟合下判定系数提高得并不多，在实际中采用的回归模型应当与具体的精度要求相匹配。

③第三产业产值回归模型

图3-5c所示的曲线为第三产业产值的数据回归结果。同样依据前述方法可以得到二阶多项式回归方程如下：

$$\hat{y} = 358.2286x^2 - 1.4240 \times 10^6 x + 1.4151 \times 10^9 \quad (3\text{-}31)$$

二阶拟合曲线如图中虚线所示，在这一拟合模型下判定系数为0.9770，估计标准误差为1.5650×10^4。而当采用五阶拟合曲线对散点图进行回归分析时，可以得到非线性模型为：

$$\hat{y} = 0.0067x^5 - 66.3256x^4 + 2.6231 \times 10^5 x^3 - 5.1868 \times 10^8 x^2 + 5.1280 \times 10^{11} x - 2.0279 \times 10^{14} \quad (3\text{-}32)$$

在五阶拟合模型下判定系数为0.9988，而估计标准误差为0.4013×10^3。从拟合结果可以看出，此时曲线虽然有一些变化，但是五阶拟合下判定系数提高得并不多，因此，一般情况下可以采用二阶拟合模型进行演进趋势的描述。

（2）1996—2013年产业结构数据多项式回归

基于与前述相同的原因，可以对1996—2013年18年间的三次产业结构进行多项式拟合，用于对近几年产业结构演进规律进行建模与回归。以二阶和五阶多项式拟合为例，可以得到非线性回归的结果如图3-6所示。从总体上来看，三次产业结构的产值变化规律性较强，二阶与五阶拟合结果基本相似，都可以达到很好的回归效果。

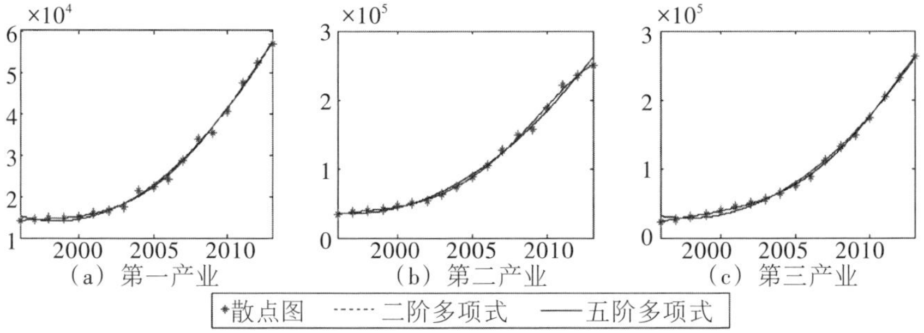

图3-6 1996—2013年三次产业产值多项式回归曲线

①第一产业产值的回归模型

第一产业的数据拟合结果如图3-6a所示，其中，二阶多项式回归模型如下：

$$\hat{y} = 1.0068 \times 10^3 x^2 - 4.0229 \times 10^6 x + 4.0186 \times 10^9 \quad (3\text{-}33)$$

在这一拟合模型下，非线性回归的判定系数为0.9984，估计标准误差为4.6167×10^3，拟合显著性水平为“高度显著”。在同样的理论和方法下，可以得到五阶多项式拟合模型为：

$$\hat{y} = -0.2093x^5 + 2.0942 \times 10^3 x^4 - 8.3818 \times 10^6 x^3 + 1.6773 \times 10^{10} x^2 - 1.6783 \times 10^{13} x + 6.7170 \times 10^{15} \quad (3\text{-}34)$$

在五阶拟合模型下，判定系数为0.9997，而估计标准误差为2.0907×10^3。具体应用时，可以根据实际要求选取合适的多项式对数据进行描述。

②第二产业产值的回归模型

第二产业产值的回归曲线如图3-6b所示，代表了工业产业中就业人数的年度变化。二阶多项式回归的模型如下式所示：

$$\hat{y} = 890.6273x^2 - 3.5573 \times 10^6 x + 3.5522 \times 10^9 \quad (3\text{-}35)$$

在此多项式拟合模型下，判定系数达到了0.9974，估计标准误差为0.6964×10^3。当应用五阶拟合曲线对散点图进行回归分析时，可以得到非线性模型为：

$$\hat{y} = -0.3357x^5 - 3.3572 \times 10^3 x^4 - 1.3428 \times 10^7 x^3 - 2.6856 \times 10^{10} x^2 - 2.6855 \times 10^{13} x + 1.0741 \times 10^{16} \quad (3\text{-}36)$$

在五阶拟合模型下判定系数为0.9990，而估计标准误差为3.9066×10^3。以上二阶与五阶的拟合结果十分相似，在回归精度上并没有较大幅度的改善。因此，在实际应用中完全可以采用形式较为简单的二阶多项式进行非线性拟合，其回归模型具有足够的精度。

③第三产业产值的回归模型

图3-6c描述的是1996—2013年，以服务业为主的第三产业产值的年度变化情况。从总体上来看，无论采用二阶还是采用五阶，拟合效果都非常好，只是五阶在精度上略有改善。采用与前述同样的方法可以得到二阶多项式回归方程如下：

$$\hat{y} = 1.0068 \times 10^3 x^2 - 4.0229 \times 10^6 x + 4.0186 \times 10^9 \quad (3\text{-}37)$$

二阶拟合曲线如图中虚线所示。在这一拟合模型下，判定系数为0.9984，估计标准误差为4.6167×10^3。采用五阶拟合曲线对散点图进行回归分析，此时得到的五阶多项式非线性回归模型为：

$$\hat{y} = -0.2093x^5 + 2.0942 \times 10^3 x^4 - 8.3818 \times 10^6 x^3 + 1.6773 \times 10^{10} x^2 - 1.6783 \times 10^{13} x + 6.7170 \times 10^{15} \quad (3-38)$$

在五阶拟合模型下，判定系数为0.9997，而估计标准误差为2.0907×10^3，判定系数已经基本接近于1，但是精度上的小幅度提升却导致拟合公式复杂性的大幅度提高，因此，一般情况下采用二阶多项式回归模型即可满足大多数的精度要求。

3.1.4 基于回归模型的产业结构预测

以上通过拟合方法得到的回归模型除了能够揭示现有数据的变化规律，反映各产业结构产值的演进趋势外，还能够通过回归模型对未来年度各次产业GDP进行预测，通过判定系数能够知道前述所建立模型的拟合精度，根据需要的精度可以选取适合的模型进行预测。考虑到1996年以前中国经济发展的不稳定性，因此，在预测中针对1996—2013年的线性回归模型进行预测，同时考虑到尽可能地提高精度，选择五阶的多项式回归模型，即采用式（3-34）、式（3-36）、式（3-38）进行产业产值预测，并换算成结构比例，未来3年的预测值见表3-4。

表3-4 **2014—2016年产业结构预测** 单位：%

年份	第一产业	第二产业	第三产业
2014	9.9	42.9	47.2
2015	9.8	42.7	47.4
2016	8.4	42.8	48.9

注：统计数据截止到2013年，即可由2014年《中国统计年鉴》获得，故2014—2016年数据属于预测数据。

从表3-4的预测结果可以看出，对于就产业结构而言，未来3年内，第一产业比重持续下降，2016年下降最多，降低了1.4个百分点。第二产业比重基本不变，3年间共下降0.1个百分点。第三产业比重迅速上升，升高了1.7个百分点。可以看出，在未来一段时期内，第三产业发展迅速，工业化趋势进一步减弱，产业结构的战略性转变明显，产业结构将继续保持“三二一”的高级化趋势发展格局。

3.2 就业结构动态演进规律与模型

在针对就业结构的演进规律研究中，同样采用线性回归的相关理论对数据之间的关系进行分析，并在此基础上建立演进回归模型，进而揭示就业结构数据的动态演进规律。

3.2.1 就业结构时间序列演进分析

1）三次产业就业人数时间序列演进分析

与产业结构数据相对应，可以同样根据《中国统计年鉴》整理出中国1978—2013年36年间在各次产业中就业人员的数量数据，见表3-5。表3-5不仅列出了第一、二、三产业中具体的就业人数（单位为“万人”），而且给出了第一、二、三产业就业人数在总就业人数中所占的比例（单位为“%”），为进一步分析提供了数据基础。需要注意的是，统计数据中包括“经济活动人口”和“就业人员”，主要是从事经济活动的人口并不等同于就业人员，因为其中存在一部分人员尽管从事经济活动，但是并不能算作就业人员，因为就业人员的数量相对从事经济活动的人口数量少一些。

表3-5　　1978—2013年中国三次产业中就业人数的相应数据

年份	经济活动人口数量（万人）	就业人员数量（万人）	就业人员数量（万人）			构成（%）		
			第一产业	第二产业	第三产业	第一产业	第二产业	第三产业
1978	40 682	40 152	28 318	6 945	4 890	70.5	17.3	12.2
1979	41 592	41 024	28 634	7 214	5 177	69.8	17.6	12.6
1980	42 903	42 361	29 122	7 707	5 532	68.7	18.2	13.1
1981	44 165	43 725	29 777	8 003	5 945	68.1	18.3	13.6
1982	45 674	45 295	30 859	8 346	6 090	68.1	18.4	13.4
1983	46 707	46 436	31 151	8 679	6 606	67.1	18.7	14.2
1984	48 433	48 197	30 868	9 590	7 739	64.0	19.9	16.1
1985	50 112	49 873	31 130	10 384	8 359	62.4	20.8	16.8
1986	51 546	51 282	31 254	11 216	8 811	60.9	21.9	17.2
1987	53 060	52 783	31 663	11 726	9 395	60.0	22.2	17.8

续表

年 份	经济活动人口数量（万人）	就业人员数量（万人）	就业人员数量（万人）			构成（%）		
			第一产业	第二产业	第三产业	第一产业	第二产业	第三产业
1988	54 630	54 334	32 249	12 152	9 933	59.3	22.4	18.3
1989	55 707	55 329	33 225	11 976	10 129	60.1	21.6	18.3
1990	65 323	64 749	38 914	13 856	11 979	60.1	21.4	18.5
1991	66 091	65 491	39 098	14 015	12 378	59.7	21.4	18.9
1992	66 782	66 152	38 699	14 355	13 098	58.5	21.7	19.8
1993	67 468	66 808	37 680	14 965	14 163	56.4	22.4	21.2
1994	68 135	67 455	36 628	15 312	15 515	54.3	22.7	23.0
1995	68 855	68 065	35 530	15 655	16 880	52.2	23.0	24.8
1996	69 765	68 950	34 820	16 203	17 927	50.5	23.5	26.0
1997	70 800	69 820	34 840	16 547	18 432	49.9	23.7	26.4
1998	72 087	70 637	35 177	16 600	18 860	49.8	23.5	26.7
1999	72 791	71 394	35 768	16 421	19 205	50.1	23.0	26.9
2000	73 992	72 085	36 043	16 219	19 823	50.0	22.5	27.5
2001	73 884	72 797	36 399	16 234	20 165	50.0	22.3	27.7
2002	74 492	73 280	36 640	15 682	20 958	50.0	21.4	28.6
2003	74 911	73 736	36 204	15 927	21 605	49.1	21.6	29.3
2004	75 290	74 264	34 830	16 709	22 725	46.9	22.5	30.6
2005	76 120	74 647	33 442	17 766	23 439	44.8	23.8	31.4
2006	76 315	74 978	31 941	18 894	24 143	42.6	25.2	32.2
2007	76 531	75 321	30 731	20 186	24 404	40.8	26.8	32.4
2008	77 046	75 564	29 923	20 553	25 087	39.6	27.2	33.2
2009	77 510	75 828	28 890	21 080	25 857	38.1	27.8	34.1
2010	78 388	76 105	27 931	21 842	26 332	36.7	28.7	34.6
2011	78 579	76 420	26 594	22 544	27 282	34.8	29.5	35.7
2012	78 894	76 704	25 773	23 241	27 690	33.6	30.3	36.1
2013	79 300	76 977	24 171	23 170	29 636	31.4	30.1	38.5

资料来源：根据2014年《中国统计年鉴》整理得到。

与此相类似，根据《中国统计年鉴》的数据，可以将第一、二、三产业中的就业人数随年度时间序列的变化绘制曲线，如图3-7所示。就业人数随时间变化的曲线表明，分布在第一产业的人数，即农业人口在改革开放以来的36年间变化十分剧烈，但是自2001年前后则转变为比较稳定的态势。农业人口数量逐年下降，反映了中国经济处于相对平稳的运行状态。第二、三产业则一直处于增加态势，需要强调的是在1994年前后，中国第三产业的就业人数超过第二产业的就业人数，即在服务业中的就业人员数量首次超过工业中的就业人员数量，而第三产业的就业人员数量在2011年前后，又再次超过第一产业中从业人员的数量，成为中国目前吸纳就业人员最多的产业，占据了主导地位，这一变化与经济的发展规律相吻合。

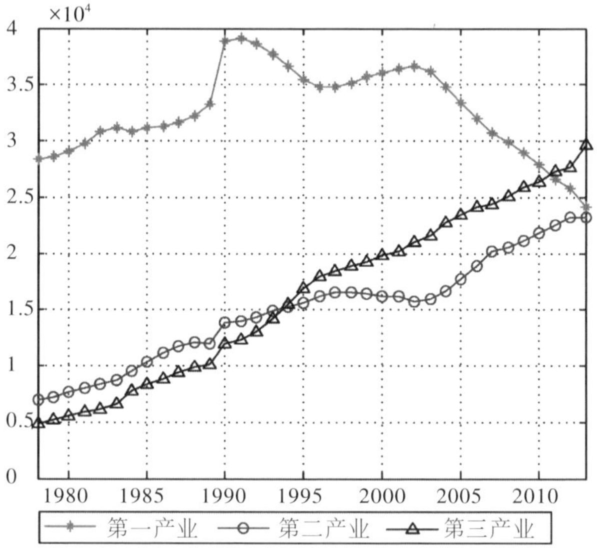

图3-7　第一、二、三产业就业人数随年度变化曲线

2）就业结构时间序列演进分析

同样，基于中国1978—2013年的就业结构数据，按比例关系其各自变化趋势如图3-8所示。从图3-8中可以看出，从1978年开始，由于工业化进程的推进，第二产业劳动力就业份额不断上升，其就业比重由17.3%上升到30.1%，上升了12.8个百分点，但随着工业化进程中技术含量的提高，第二产业对劳动力的需求相对减少，就业份额上升趋缓。这一时期也是中国农村劳动力快速转移的时期，劳动力逐渐转向第二和第三产业，第一产业就业份额大幅下降，从1978年的70.5%下降到2013年的31.4%，下降了39.1个百分点，平均每年下降超过1个百分点。第三产业劳动力就业份额明显提高，由12.2%上升到38.5%，上升了26.3个百分点。1978年以来，劳动力从农业、制造业向服务业转移，这也符合现代科技和社会经济发展的必然趋势。

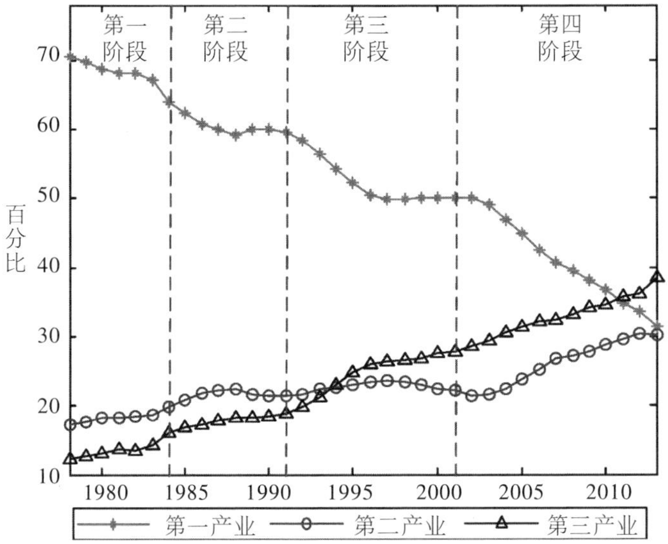

图3-8 1978年以来中国就业结构演进曲线

3）演进规律阶段性分析

（1）第一阶段：1978—1984年

在此期间，由于家庭联产承包责任制的全面实施，作为劳动力蓄水池的第一产业释放了大量的剩余劳动力，第一产业就业比重由70.5%下降到64.0%，下降了6.5个百分点，而第二、第三产业分别上升了2.6个百分点和3.9个百分点。此时，就业结构呈现“一二三”格局。

（2）第二阶段：1985—1991年

这一时期，尤其是20世纪80年代中期，随着改革力度加大，乡镇企业发展较快，城镇国有企业和乡镇企业对农村剩余劳动力的吸纳能力增强，因而在1978—1988年第一产业劳动就业份额下降了10.5%。但由于1989—1991年为治理整顿时期，第一产业就业份额基本上徘徊在60%左右，而第二、第三产业仅上升0.6%和3%。此时，就业结构仍呈现“一二三”格局。

（3）第三阶段：1992—2001年

就业结构中，第一产业就业比重下降了8.5%，而从1998年开始，由于国有企业改革，大批职工面临下岗，因而第二产业难以吸纳由第一产业转移出来的劳动力，在这10年间，第二产业就业比重仅上升0.6%，相对就业比重趋稳，而第三产业就业比重上升了7.9%，这表明从第一产业转移出来的劳动力越过了第二产业，直接向第三产业转移。特别是在1995年，第三产业就业比重超过第二产业。此时，就业结构呈现“一三二”格局。

（4）第四阶段：2002—2013年

随着中国加入世界贸易组织，工业特别是加工制造业得到了迅速发展，中国逐渐成为“世界工厂”。12年间，第二产业就业比重由21.4%上升到30.1%，提高了8.7个百分点。同时，第三产业就业比重由28.6%提高到38.5%，提高了9.9个百分点。尤其在2011年以后，第三产业就业比重超过第一产业。此时，就业结构呈现“三一二”格局。

3.2.2 就业结构动态演进模型

1）就业结构一元线性回归模型

（1）1978—2013年就业结构数据线性回归

在年度时间序列下，就业结构呈现出一定的规律性变化，为更好地深入理解和掌握这一变化规律，可以采用线性回归理论对三次产业结构中的就业人数进行描述，建立相应的线性模型，利用判定系数对回归精度进行评估，进而可以利用线性回归模型对未来就业结构的变化进行预测，形成政策性指导意见。

采用线性回归理论，可以很明显地看出，就业人数在第一产业中的变化最为剧烈，在1990年前后发生了一个类似阶跃的突变，这主要是受到当时的政治和经济环境影响而造成的，在随后的几年中，第一产业就业人数也出现了较大的波动，其中有升有降，但是自2005年之后，第一产业的就业人数呈现逐年下降的趋势，而且下降幅度较大，这一结果表明这一期间大量务农人员外出打工，他们可能流向其他两个产业经济体之中。第二产业的就业人数相对要稳定得多，均处于持续的攀升状态，这一数据表明，以工业为主体的第二产业，其就业人数除在2000年前后出现小幅的波动之外，在其他的大部分时间段之内处于持续的增长过程之中，而且增长的幅值较为平稳，这一数据也从另外一个角度说明，中国工业生产政策一直处于比较稳定的发展态势之下，其经济体吸纳了大量的就业人员，其中就包括从农业人口中分离出来的就业人员。此外，第三产业的就业人数呈现更加平稳的增长，而且明显可以看出这一经济体在总量上已经占据了很大的份额，逐渐超过第二产业，并且进一步超过第一产业。还应注意到，服务业的增长幅度也是非常大的，在短短的36年时间里，从很低的起点迅速提高，其增长率远远大于第二产业。

散点图仅能从宏观的角度给出就业人员数量上的变化和趋势，在散点图的基础上，可以对数据进行线性回归，用以衡量与评价数据的变化规律，采用前述相关性的理论与方法可以得到线性回归的拟合结果，如图3-9所示。为了进一步对线性回归的精度进行评价和估计，同样引入前述评价指标，结合散点图中关于1978—2013年的就业人口与第一、二、三产业产值的数据，对各次产业中就业人数进行线性回归，进一步对相关的数据结果进行回归衡量与评价，其各项衡量与评价指标参数见表3-6。

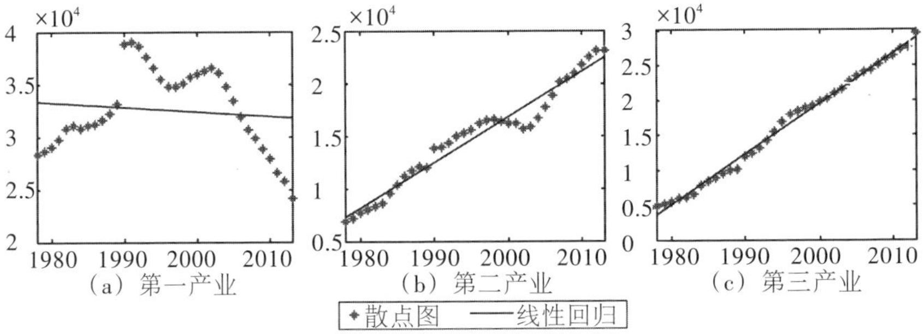

图3-9 1978—2013年三次产业就业人数线性回归曲线

表3-6 三次产业就业人数线性回归性能指标（1978—2013年）

产业	一元线性回归方程	显著性水平	判定系数	估计标准误差
第一产业	$\hat{y}$ = 119 080 − 43.32x	不显著	0.0139	3.905×10^3
第二产业	$\hat{y}$ = −860 300 + 438.61x	高度显著	0.9589	0.971×10^3
第三产业	$\hat{y}$ = −1431800 + 725.67x	高度显著	0.9931	0.646×10^3

表3-6中的数据更加清晰地表明，第一产业中的就业人数经一元线性拟合后的判定系数仅为0.0139，估计标准误差为3.905×10^3。在总体上，第一产业与该产业的就业人数变量体现为负相关，即随着年份的增加，该产业的产值将逐年下降，回归的显著性水平评价为“不显著”。以上衡量指标清晰地表明，利用线性回归的方法建立年份与第一产业就业人数之间的关系，其精确度较差，估计标准误差很大，因此，可以考虑对该类数据进行非线性回归，以减少较大的估计标准差，增加可信度。第二产业就业人数的判定系数则得到大幅度的提升，升至0.9589，而估计标准误差下降到0.971×10^3，显著性水平为“高度显著”，在线性拟合直线段上，斜率为438.61。也就是说，随着年份的增加，该产业的就业人数将会以斜率为438.61的速率快速增加。第三产业就业人数拟合得最好，利用线性回归的方法得到的判定系数变为0.9931，估计标准误差为0.646×10^3，也就是估计误差更小，同时判定系数相对第二产业也得到提高。此外，还可注意到直线段的斜率为725.67，大约是第二产业斜率的近两倍，说明第三产业的就业人数增加非常快，对就业人员的吸纳能力快速增强，是未来劳动力吸纳的主渠道。

（2）1996—2013年就业结构数据线性回归

以上的分析数据波动性较大，规律性较难把握，说明在1978—2013年的36年时间跨度里，很多时间段是无法用经济学的理论进行解释的，也从另一个侧面说明中国经济处于社会主义初级阶段，经过早期一系列的调整，就业曲线在不同的历史阶段变化较大。因此，考虑在一个相对稳定的时间段内研究中国经济的发展规律，从中总结符合中国特征的产业和就业结构特点。经过相关的调查与研究，选取1996—2013年18年期间的中国经济就业结构数据进行深入分析。选择这个时间段主要是考虑到，这一时间段中国经济发展渐趋稳定，符合经济发展规律，同时，这一时间段的中国各项统计数据相对翔实准确，还包含了与后续研究相关的受教育程度数据。因此，着重对这一时间段的就业结构进行研究。

根据《中国统计年鉴》，可以将1996—2013年中国三次产业中就业人员的数据变化散点图和线性回归结果绘制曲线，如图3-10所示。从图中可以看出，图3-10a的线性拟合精确度得到了较大的改善，但是图3-10b和图3-10c的线性回归精度似乎有所降低。这主要是由于在这一时间段内，以工业为主的第二产业有所变动，以服务业为主的第三产业也有所波动，但是也能明显地看出，这种波动并不大，因此，总体而言，三次产业中就业人员随年度变化的规律性得到了一定程度的改善。对这些数据的分析更加符合中国近几年的经济变化特征，其中的规律对于当前就业结构和产业结构政策的制定和研究更具有现实的指导意义。

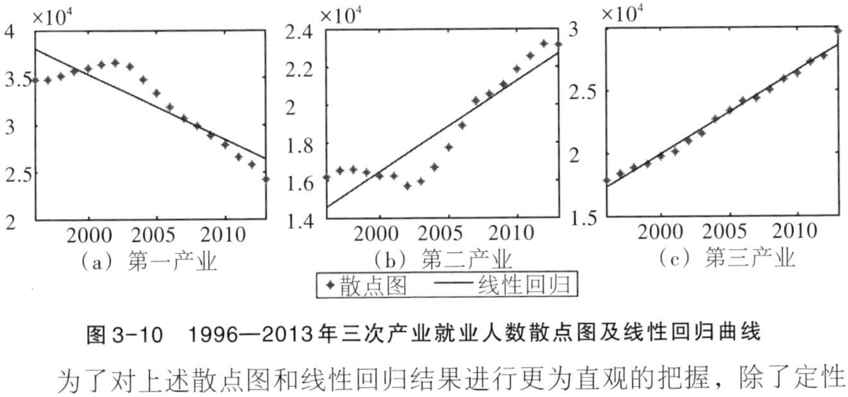

图3-10 1996—2013年三次产业就业人数散点图及线性回归曲线

为了对上述散点图和线性回归结果进行更为直观的把握，除了定性的分析之外，还要从定量的角度对数据进行分析。因此，根据前述的相关理论分析方法，可以将线性回归的各项性能指标计算出来，相关的计算结果见表3-7。

表3-7　三次产业就业人数线性回归性能指标（1996—2013年）

产业	一元线性回归方程	显著性水平	判定系数	估计标准误差
第一产业	$\hat{y}=-2.6356\times10^5+1.3285\times10^3x$	高度显著	0.9088	6.5189×10^3
第二产业	$\hat{y}=-1.1916\times10^7+6.0001\times10^3x$	高度显著	0.8682	3.6665×10^4
第三产业	$\hat{y}=-1.1352\times10^7+5.7150\times10^3x$	高度显著	0.8445	3.8739×10^4

从表中数据可以更加直观地看出，第一产业的线性回归精度得到了较大的改善，由原来的0.0139跳跃到0.9088，估计标准误差变为6.5189×10^3，在精度要求不高的时候，这一线性回归结果完全可以用于反映第一产业就业人员数量的变化规律。此外，斜率系数表明，随着年度的增加，第一产业就业人数将会逐年降低，这也完全符合从事农业劳动的人员在近几年出现较大幅度减少的事实。但是也应该看到，判定系数在第二产业就业人数的线性回归中降为0.8682，在第三产业的就业人数线性回归中降为0.8445，说明单纯从18年的数据来看，在这两种产业类型中，就业人员变动相对较大，利用线性回归的方法拟合精度会降低。另外，还应注意到在拟合的直线段中，第二产业的斜率为6.0001×10^3，而第三产业的斜率为5.7150×10^3，即第二产业就业人数的增长速度超越了第三产业的就业人数增长速度。这一点也与前述的判断略有差异，因此，当截取1996—2013年的数据进行分析时，其线性回归精度会与前述数据略有差异。

2）就业结构多项式回归模型

利用上述线性回归的理论，得到的线性拟合直线段具有较大的回归误差，因此，需要考虑采用非线性的方法，对数据进行回归，从而建立起基于年度序列的就业人数动态演进规律模型。另外，由于多项式回归方法较为简单直接，不需要进行非线性变换，因此，此处利用多项式拟合的办法建立就业人数动态演进模型。

（1）1978—2013年就业结构数据多项式回归

针对1978—2013年的散点图，计划采用二阶和五阶多项式分别进行拟合，结合前述线性回归的结果，可以清晰地对比线性、二阶和高阶的回归拟合效果，探索阶次升高对于拟合精度是否具有提高效果以及提高的幅度，拟合的效果如图3-11所示。

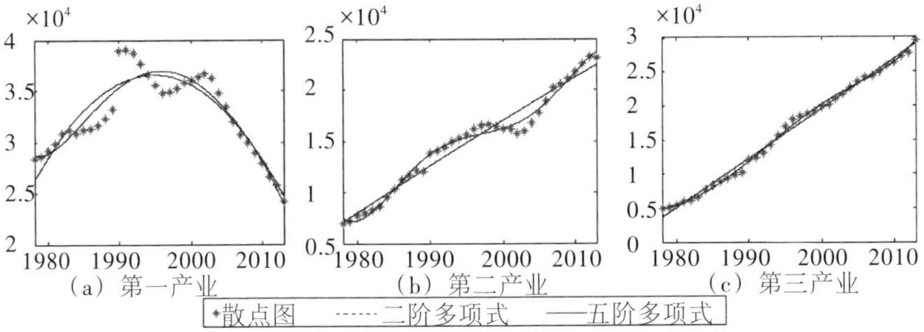

图3-11 1978—2013年三次产业就业人数多项式回归曲线

①第一产业就业人数回归模型

图3-11a为第一产业，即农业产业的就业人员多项式回归曲线。从图中明显可以看出，二阶多项式能够很好地拟合离散的数据点，极大地提高了回归的精度。二阶多项式回归的模型如下所示：

$$\hat{y} = -36.0519x^2 + 1.4384 \times 10^5 x - 1.4344 \times 10^8 \tag{3-39}$$

二阶拟合曲线如图中虚线所示，在这一拟合模型下，判定系数为0.9171，估计标准误差为1.5912×10^3。从中可以看出，当阶次仅升高到二阶时，判定系数就由0.0139迅速升高到0.9171，升高的幅度非常大，拟合显著性水平提高到“高度显著”。

同样可以得到五阶拟合曲线的结果：

$$\hat{y} = -0.002x^5 + 20.9877x^4 - 8.3951 \times 10^4 x^3 + 1.6790 \times 10^8 x^2 - 1.6790 \times 10^{11} x + 6.7158 \times 10^{13} \tag{3-40}$$

其拟合曲线如图3-11a实线所示。在五阶拟合模型下，判定系数为0.9357，而估计标准误差为1.4772×10^3。从拟合性能评价参数可知，虽然此时阶次提高了三次，判定系数提高得并不多，但是模型的复杂性却大大增加。因此，在一般情况下，依靠二阶回归模型即可完全满足要求。

②第二产业就业人数回归模型

以工业为主体的第二产业就业人员回归曲线如图3-11b所示。可以从图中明显看出，二阶拟合曲线与线性回归基本相似，散点图分布在曲线的两侧，二阶多项式回归模型如下式所示：

$$\hat{y} = -0.9039x^2 + 4.0461 \times 10^3 x - 4.4596 \times 10^6 \quad (3-41)$$

二阶拟合曲线如图中虚线所示。在这一拟合模型下，判定系数为0.9794，估计标准误差为0.9812×10^3。从中可以看出，相对于线性回归判定系数而言，此时的判定系数提高得并不多。当采用五阶拟合曲线对散点图进行回归分析时，可以得到非线性模型为：

$$\hat{y} = -0.0057x^5 + 56.8368x^4 - 2.2702 \times 10^5 x^3 + 4.5336 \times 10^8 x^2 - 4.5269 \times 10^{11} x + 1.8080 \times 10^{14} \quad (3-42)$$

在五阶拟合模型下，判定系数为0.9941，而估计标准误差为0.5548×10^3。从拟合结果可以看出，此时曲线虽然有一些变化，但是五阶拟合下，判定系数提高得并不多，在实际中采用的回归模型应当与具体的精度要求相匹配。

③第三产业就业人数回归模型

第三产业为服务业产业，其就业人员回归曲线如图3-11c所示。依据前述方法可以得到二阶多项式回归方程如下：

$$\hat{y} = 0.5104x^2 - 1.3112 \times 10^3 x + 6.0043 \times 10^5 \quad (3-43)$$

二阶拟合曲线如图中虚线所示。在这一拟合模型下，判定系数为0.9966，估计标准误差为0.6536×10^3。而当采用五阶拟合曲线对散点图进行回归分析时，可以得到非线性模型为：

$$\hat{y} = 0.0019x^5 - 19.3700x^4 + 7.7129 \times 10^4 x^3 - 1.5356 \times 10^8 x^2 + 1.5285 \times 10^{11} x - 6.0861 \times 10^{13} \quad (3-44)$$

在五阶拟合模型下，判定系数为0.9988，而估计标准误差为0.4013×10^3。从拟合结果可以看出，此时曲线虽然有一些变化，但是五阶拟合下判定系数提高得并不多，因此，一般情况下可以采用二阶拟合模型进行演进趋势的描述。

（2）1996—2013年就业结构数据多项式回归

根据《中国统计年鉴》，1996—2013年的18年间就业结构的变化较为平稳，可以反映两种就业结构和产业结构的发展规律，对于政策的制定更有意义。拟合的效果如图3-12所示，其中虚线为二阶多项式拟合结果，实线为五阶多项式拟合结果。

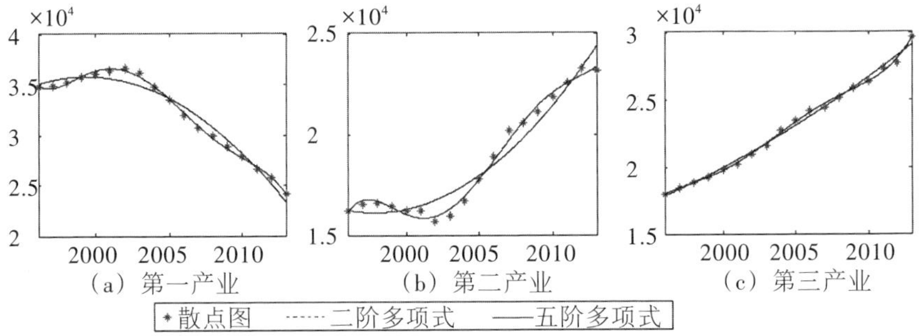

图3-12 1996—2013年三次产业就业人数多项式回归曲线

①第一产业就业人数回归模型

第一产业的数据拟合结果如图3-12a所示。可以看出，其拟合精度得到明显的改善和提高，将前述理论应用于针对1996—2013年的数据拟合与回归，首先能够得到二阶多项式回归的模型如下：

$$\hat{y} = -66.5359x^2 + 2.6605 \times 10^5 x - 2.6593 \times 10^8 \tag{3-45}$$

在这一拟合模型下，非线性回归的判定系数为0.9830，估计标准误差为0.8010×10^3。从中可以看出，当阶次仅升高到二阶时，判定系数得到了一定的提高，拟合显著性水平为“高度显著”。

在同样的理论和方法下，可以得到五阶多项式拟合模型为：

$$\hat{y} = -0.1951x^5 + 1.9558 \times 10^3 x^4 - 7.8424 \times 10^6 x^3 + 1.5723 \times 10^{10} x^2 - 1.5761 \times 10^{13} x + 6.3199 \times 10^{15} \tag{3-46}$$

在五阶拟合模型下，判定系数为0.9986，而估计标准误差为0.2587×10^3。从拟合性能评价参数可知，虽然此时阶次提高了三次，判定系数提高得并不多，但是模型的复杂性却大大增加，因此，在一般情况下，采用二阶回归模型即可满足精度要求。

②第二产业就业人数回归模型

第二产业就业人员回归曲线如图3-12b所示，反映了工业产业中就业人数的年度变化。二阶多项式回归的模型如下式所示：

$$\hat{y} = 35.9954x^2 - 1.4383 \times 10^5 x + 1.4369 \times 10^8 \tag{3-47}$$

在此多项式拟合模型下，判定系数达到了0.9718，估计标准误差为0.6964×10^3。判定系数和估计标准误差均表明非线性回归取得了很好的拟合效果。当应用五阶拟合曲线对散点图进行回归分析时，可以得到非线性模型为：

$$\hat{y} = 0.1173x^5 - 1.1760\times10^3x^4 + 4.7173\times10^6x^3 - 9.4615\times10^9x^2 + 9.4885\times10^{12}x - 3.8062\times10^{15} \quad (3-48)$$

在五阶拟合模型下，判定系数为0.9959，而估计标准误差为0.2973×10^3。尽管曲线拟合效果得到明显改善，基本接近于1，但是五阶拟合模型在形式上要明显复杂得多，因此，在实际应用中，要根据具体情况选择相应的多项式拟合模型。

③第三产业就业人数回归模型

图3-12c描述的是1996—2013年，以服务业为主的第三产业就业人数的年度变化情况。可以明显看出，由于数据的线性度较好，利用多项式拟合能够提高的回归精度较为有限。首先，采用与前述同样的方法可以得到二阶多项式回归方程如下：

$$\hat{y} = 9.9846x^2 - 3.9368\times10^4x + 3.8817\times10^7 \quad (3-49)$$

二阶拟合曲线如图中虚线所示。在这一拟合模型下，判定系数为0.9966，估计标准误差为0.3109×10^3。同样基于对比的考虑，可以采用五阶拟合曲线对散点图进行回归分析。此时得到的五阶多项式非线性回归模型为：

$$\hat{y} = 0.0734x^5 - 735.3723x^4 + 2.9466\times10^6x^3 - 5.9032\times10^9x^2 + 5.9134\times10^{12}x - 2.3694\times10^{15} \quad (3-50)$$

在五阶拟合模型下，判定系数为0.9990，而估计标准误差为0.1854×10^3，判定系数已经基本接近于1。从拟合结果可以看出，此时曲线虽然有一些变化，但是五阶拟合下判定系数提高得并不多，因此，这种情况下可以采用二阶拟合模型进行演进趋势的描述。

3.2.3 基于回归模型的就业结构预测

在以上回归模型的基础上可以很好地掌握第一、二、三产业中就业人员数量的变化规律，据此也可以按照相应的模型计算出未来几年内中国三次产业就业人数的估计值。在实际的计算过程中，可以根据相关的精度要求选择合理的回归模型进行预测。考虑到1996年以前中国经济发展不太稳定，因此，在预测中针对1996—2013年的线性回归模型进行预测，同时考虑到尽可能地提高精度，选择五阶的多项式回归模型，即采用式（3-46）、式（3-48）、式（3-50）进行就业人数的预测并换算成比例结构。未来3年的预测值见表3-8。

表3-8 2014—2016年就业结构预测 单位：%

年份	第一产业	第二产业	第三产业
2014	29.6	29.2	41.2
2015	27.8	29.1	43.1
2016	26.3	29.1	44.6

就业结构预测结果显示，未来3年内就业结构继续调整，第一产业就业比重继续下降，3年间共下降3.3个百分点。第二产业就业比重稳中略降，仅下降0.1个百分点。第三产业就业比重持续上升，是吸纳劳动力最多的产业。到2015年底，三大产业就业结构比例演变为43.1∶29.1∶27.8，就业结构由“三一二”格局转变为“三二一”格局，成为就业结构与产业结构保持一致的高级化格局结构。

3.3 产业结构与就业结构相关性分析

同样由于1978年以来时间跨度较大，总结出的经济规律精确度较差，对近年来经济政策的制定不具有指导意义，因此，本节主要对1996—2013年18年来的经济数据进行分析和研究。

3.3.1 产业结构与就业结构相关系数

以上是分别针对三次产业的GDP和从业人员数量，按年度序列进行相关性分析、拟合回归与数据预测。研究的结果表明，以时间为序列的产业结构和就业结构具有一定的规律性，各数据之间存在着不同程度的相关性关系。但是不同产业的GDP与各次产业中就业人员的数量之间是否具有相关性，深入掌握产业结构与就业结构之间的数据演进规律，建立能够反映产业结构与就业结构的回归模型，具有更为重要的研究意义。

第一、二、三产业产值与就业人数之间线性回归结果如图3-13所示。从总体的线性回归效果来看，数据的线性度较好，其中第一产业就业人数与三次产业产值之间均负相关，分别如图3-13a、图3-13d、图3-13g所示。而其余的线性度则表现为正相关。为了进一步说明线性相关性在各种数据之间的衡量与评价指标，采用前述的回归方法，可以将具体相关系数指标列出，见表3-9。

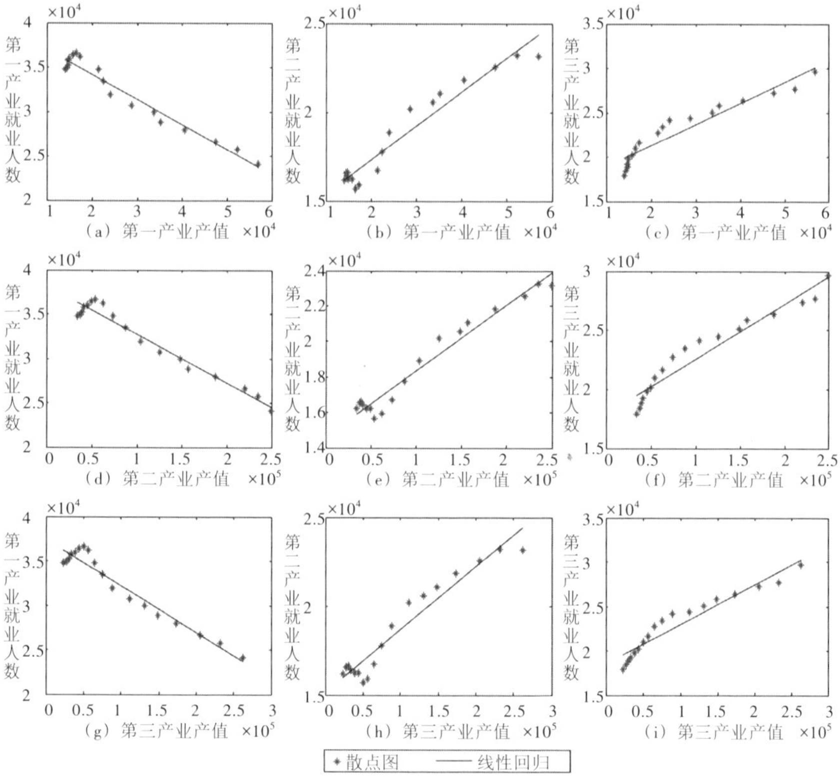

图3-13 三次产业产值与就业人数线性回归

表3-9 三次产业产值与就业人数之间相关系数

项目	第一产业产值	第二产业产值	第三产业产值
第一产业就业人数	0.9776	0.9790	0.9720
第二产业就业人数	0.9693	0.9795	0.9660
第三产业就业人数	0.9491	0.9642	0.9581

从表3-9可以看出，三组就业结构与三组产业结构之间构成了9个相关系数。计算的数值表明，各个相关系数都在0.9以上，这更加有力地说明了数据中就业结构和产业结构呈现很明显的相关性。

3.3.2 产业结构与就业结构非线性演进轨迹

为了提高回归拟合的精度，掌握数据间的演化规律与变化趋势，可以采用多项式拟合的方法建立现有数据的非线性模型。

1）第一产业产值与三次产业就业人数之间的演进轨迹

（1）第一产业产值与第一产业就业人数

第一产业的产值与就业结构之间的拟合结果如图3-14所示。可以看出，采用多项式拟合的精度明显高于采用线性回归时的精度，离散各点更加有序地分布于拟合曲线的两侧。当采用二阶多项式进行拟合时，多项式回归模型为：

$$\hat{y} = -1.9539 \times 10^{-6}x^2 - 0.4122x + 4.1554 \times 10^4 \tag{3-51}$$

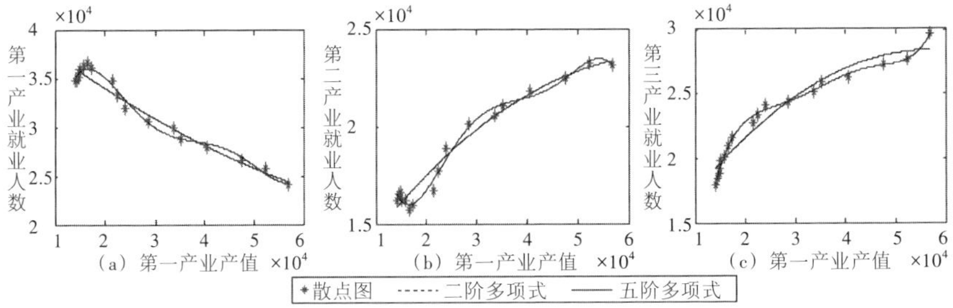

图3-14 第一产业产值与就业人数多项式回归

二阶拟合曲线如图中虚线所示。在这一拟合模型下，判定系数为0.9805，估计标准误差为0.8576×10^3。可以看出，二阶多项式的拟合精度得到了一定程度的提高。同样，可以得到五阶多项式的拟合结果为：

$$\hat{y} = 2.2722 \times 10^{-18}x^5 - 4.2568 \times 10^{-13}x^4 + 3.0471 \times 10^{-8}x^3 - 0.001x^2 + 15.9923x - 55\,311.504 \tag{3-52}$$

五阶拟合曲线如图3-14a中实线所示。在五阶拟合模型下，判定系数为0.9930，而估计标准误差为0.5764×10^3。判定系数表明，回归精度得到了一定的提高，但同时模型的复杂性却较大幅度地增加。在实际中应该根据精度要求选取适当的回归模型。

（2）第一产业产值与第二产业就业人数

第一产业产值与第二产业就业人数之间也存在着一定的关系，两者之间的线性回归判定系数表明两者之间也的确存在着相关性，因为就业人数总量应当是一定的。在第二产业中，就业人数的变化必然相应地引起第一产业的就业人员变化。应用同样的方法，可以得到二阶和五阶的多项式回归模型分别为：

$$\hat{y} = -2.7749 \times 10^{-6}x^2 + 0.3736x + 1.1125 \times 10^4 \quad (3\text{-}53)$$

$$\hat{y} = -1.6619 \times 10^{-18}x^5 + 3.0559 \times 10^{-13}x^4 - 2.1540 \times 10^{-8}x^3 - 0.0007x^2 - 11.0133x + 78\,128.606 \quad (3\text{-}54)$$

二阶与五阶多项式的判定系数分别为0.9822和0.9945，估计标准误差分别为0.5541×10^3和0.3463×10^3。实际中可以根据精度要求选取适当阶次的线性或多项式回归模型。

（3）第一产业产值与第三产业就业人数

由于同样的原因，第一产业产值与第三产业就业人数之间也存在着一定的相关性，经过相应的计算，可以得到数据的二阶和五阶多项式回归模型为：

$$\hat{y} = -4.9571 \times 10^{-6}x^2 + 0.5660x + 1.2258 \times 10^4 \quad (3\text{-}55)$$

$$\hat{y} = 1.5612 \times 10^{-18}x^5 - 2.8547 \times 10^{-13}x^4 + 2.0303 \times 10^{-8}x^3 - 0.0007x^2 - 11.9666x - 57\,459.184 \quad (3\text{-}56)$$

二阶与五阶多项式的判定系数分别为0.9747和0.9975，估计标准误差分别为0.8446×10^3和0.2977×10^3。实际中可以根据精度要求选取适当阶次的线性或多项式回归模型。

2）第二产业产值与三次产业就业人数之间的演进轨迹

同样针对第二产业产值，可以研究第一、二、三产业的就业人数在其中的分布规律和演进曲线，研究中国工业产业中就业人员从业特征。经过二阶和五阶多项式拟合的回归曲线如图3-15所示，其中虚线为二阶曲线，实线为五阶曲线拟合结果。

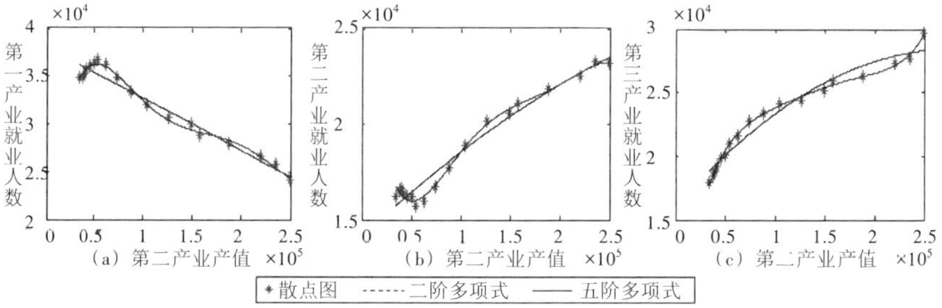

图3-15 第二产业产值与就业人数多项式回归

(1) 第二产业产值与第一产业就业人数

第二产业产值与第一产业就业人数的拟合结果如图3-15a所示。整体的二阶与五阶多项式回归模型如下：

$$\hat{y} = -1.3639 \times 10^{-8}x^2 - 0.0505x + 3.7944 \times 10^4 \tag{3-57}$$

$$\hat{y} = 4.6877 \times 10^{-22}x^5 - 3.8288 \times 10^{-16}x^4 + 1.1672 \times 10^{-10}x^3 - 1.6251 \times 10^{-5}x^2 + 0.9480x + 1.7101 \times 10^4 \tag{3-58}$$

二阶与五阶多项式的判定系数分别为0.9791和0.9973，估计标准误差为0.8873×10^3和0.3552×10^3。在具体细节上，五阶拟合曲线针对初始的散点有很好的逼近效果，基本上随着散点的走势而演进，因此，具有更高的拟合精度。

(2) 第二产业产值与第二产业就业人数

第二产业以工业为主，在工业中的就业人数应该与本产业产值的关系更为明确，两者数据之间的线性回归判定系数为0.9795，已经达到了很好的拟合精度，应用前述方法可以得到二阶和五阶的多项式回归模型分别为：

$$\hat{y} = -4.5376 \times 10^{-8}x^2 + 0.0489x + 1.4125 \times 10^4 \tag{3-59}$$

$$\hat{y} = -2.8593 \times 10^{-22}x^5 + 2.2628 \times 10^{-16}x^4 - 6.7734 \times 10^{-11}x^3 - 9.3395 \times 10^{-6}x - 0.5330x + 2.6415 \times 10^4 \tag{3-60}$$

二阶与五阶多项式的判定系数分别为0.9817和0.9965，估计标准误差为0.5622×10^3和0.2765×10^3。实际中可以根据精度要求选取适当阶次的线性或多项式回归模型。

(3) 第二产业产值与第三产业就业人数

第二产业产值与第三产业就业人数之间也存在着一定的相关性，两者之间的线性相关性判定系数为0.9642。为了利用多项式对离散点进行拟合，采用与前述同样的理论与方法，可以得到二阶和五阶的多项式回归模型分别为：

$$\hat{y} = -1.6029 \times 10^{-7}x^2 + 0.0891x + 1.6024 \times 10^4 \tag{3-61}$$

$$\hat{y} = 2.4917 \times 10^{-22}x^5 - 1.7973 \times 10^{-16}x^4 + 5.1127 \times 10^{-11}x^3 - 7.2645 \times 10^{-6}x^2 + 0.5509x + 5.7237 \times 10^3 \tag{3-62}$$

二阶与五阶多项式的判定系数分别为0.9813和0.9987，估计标准误差分别为0.7269×10^3和0.2128×10^3。实际中可以根据精度要求选取适当阶次的线性或多项式回归模型。

3）第三产业产值与三次产业就业人数之间的演进轨迹

第三产业为服务业为主的产业，图3-16为第三产业GDP与各次产业中就业人员数量之间的散点图、二阶多项式与五阶多项式拟合图。以下分别对拟合结果进行深入分析。

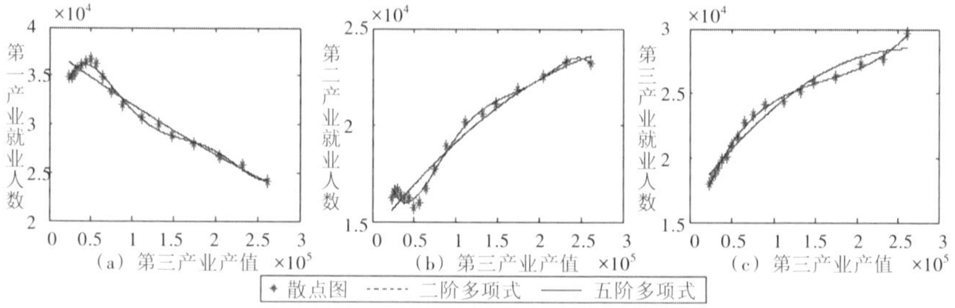

图3-16　第三产业产值与就业人数多项式回归

(1) 第三产业产值与第一产业就业人数

服务业为主的第三产业GDP与第一产业就业人数的拟合结果如图3-16a所示。拟合结果得到了很好的回归效果，尤其是五阶多项式在最初的各离散点处也得到了很好的拟合精度。经过计算，二阶与五阶多项式回归模型如下：

$$\hat{y} = 3.4052 \times 10^{-8}x^2 - 0.0616x + 3.7854 \times 10^4 \tag{3-63}$$

$$\hat{y} = 4.1467 \times 10^{-22}x^5 - 3.2418 \times 10^{-16}x^4 + 9.3913 \times 10^{-11}x^3 - 1.2211 \times 10^{-5}x^2 + 0.6245x + 2.5484 \times 10^4 \tag{3-64}$$

二阶与五阶多项式的判定系数分别为0.9728和0.9956，估计标准误差分别为1.0117×10^3和0.4561×10^3。从判定系数也可以看出，五阶拟合曲线针对初始的散点有很好的逼近效果，基本上随着散点的走势而演进，因此，具有更高的拟合精度。

（2）第三产业产值与第二产业就业人数

第三产业产值与第二产业中的就业人数也存在着相关性，为了深入研究这两者之间的关系，可以对多项式进行拟合。二阶和五阶多项式的拟合结果如下：

$$\hat{y} = -7.7489 \times 10^{-8}x^2 - 0.0558x + 1.4278 \times 10^4 \tag{3-65}$$

$$\hat{y} = -2.6007 \times 10^{-22}x^5 + 1.9907 \times 10^{-16}x^4 - 5.6838 \times 10^{-11}x^3 - 7.2948 \times 10^{-6}x - 0.3593x + 2.1834 \times 10^4 \tag{3-66}$$

二阶与五阶多项式的判定系数分别为0.9750和0.9943，估计标准误差分别为0.6567×10^3和0.3509×10^3。实际中可以根据精度要求选取适当阶次的线性或多项式回归模型。

（3）第三产业产值与第三产业就业人数

第三产业产值与第三产业就业人数之间应该存在着明显的相关关系，在线性回归拟合中可以计算出其线性判定系数为0.9581，表明两者之间具有“高度显著”的显著性水平。采用前述理论与方法，可以得到二阶和五阶的多项式回归模型为：

$$\hat{y} = -1.6600 \times 10^{-7}x^2 + 0.0886x + 1.6686 \times 10^4 \tag{3-67}$$

$$\hat{y} = 1.9374 \times 10^{-23}x^5 - 1.7324 \times 10^{-17}x^4 + 7.5778 \times 10^{-12}x^3 - 1.7775 \times 10^{-6}x^2 + 0.2277x + 1.3342 \times 10^4 \tag{3-68}$$

二阶与五阶多项式的判定系数分别为0.9833和0.9979，估计标准误差分别为0.6881×10^3和0.2721×10^3。实际应用中，可以根据具体的精度要求选取适当的回归模型进行数据间规律性的描述。

3.4 产业结构与就业结构的偏离

3.4.1 相对劳动生产率

相对劳动生产率和产业结构偏离度是衡量产业结构与就业结构是否均衡的重要测度方法。相对劳动生产率又称为比较劳动生产率，是指一个产业的产值比重与就业比重之比。在经济发展过程中，由于各产业以及同一产业产出与就业的增长幅度不一致，会形成不同的相对劳动生产率。表3-10显示了1978年以来中国三次产业的相对劳动生产率和结构偏离度的相关数据。

表3-10 1978—2013年中国三次产业的相对劳动生产率和结构偏离度

年份	相对劳动生产率			结构偏离度		
	第一产业	第二产业	第三产业	第一产业	第二产业	第三产业
1978	0.40	2.77	1.96	-0.60	1.77	0.96
1979	0.45	2.68	1.72	-0.55	1.68	0.72
1980	0.44	2.65	1.65	-0.56	1.65	0.65
1981	0.47	2.52	1.62	-0.53	1.52	0.62
1982	0.49	2.43	1.62	-0.51	1.43	0.62
1983	0.49	2.37	1.58	-0.51	1.37	0.58
1984	0.50	2.17	1.54	-0.50	1.17	0.54
1985	0.46	2.06	1.71	-0.54	1.06	0.71
1986	0.45	2.00	1.69	-0.55	1.00	0.69
1987	0.45	1.96	1.67	-0.55	0.96	0.67
1988	0.43	1.95	1.67	-0.57	0.95	0.67
1989	0.42	1.98	1.75	-0.58	0.98	0.75
1990	0.45	1.93	1.71	-0.55	0.93	0.71
1991	0.41	1.95	1.78	-0.59	0.95	0.78
1992	0.37	2.00	1.76	-0.63	1.00	0.76
1993	0.35	2.08	1.59	-0.65	1.08	0.59
1994	0.37	2.05	1.46	-0.63	1.05	0.46
1995	0.38	2.05	1.33	-0.62	1.05	0.33
1996	0.39	2.02	1.26	-0.61	1.02	0.26
1997	0.37	2.01	1.29	-0.63	1.01	0.29
1998	0.35	1.97	1.36	-0.65	0.97	0.36
1999	0.33	1.99	1.40	-0.67	0.99	0.40

续表

年份	相对劳动生产率			结构偏离度		
	第一产业	第二产业	第三产业	第一产业	第二产业	第三产业
2000	0.30	2.04	1.42	−0.70	1.04	0.42
2001	0.29	2.02	1.46	−0.71	1.02	0.46
2002	0.27	2.09	1.45	−0.73	1.09	0.45
2003	0.26	2.13	1.41	−0.74	1.13	0.41
2004	0.29	2.05	1.32	−0.71	1.05	0.32
2005	0.27	1.99	1.29	−0.73	0.99	0.29
2006	0.26	1.90	1.27	−0.74	0.90	0.27
2007	0.26	1.77	1.29	−0.74	0.77	0.29
2008	0.27	1.74	1.26	−0.73	0.74	0.26
2009	0.27	1.66	1.27	−0.73	0.66	0.27
2010	0.28	1.63	1.25	−0.72	0.63	0.25
2011	0.29	1.58	1.21	−0.71	0.58	0.21
2012	0.30	1.49	1.24	−0.70	0.49	0.24
2013	0.32	1.46	1.20	−0.68	0.46	0.20

资料来源：根据2014年《中国统计年鉴》相关数据计算整理。

图3-17显示了1978—2013年中国三次产业的相对劳动生产率。可以看出，第二产业的相对劳动生产率最高，第三产业次之，第一产业的相对劳动生产率最低。第一产业的相对劳动生产率一直在低水平徘徊，在1984年达到最高0.5。此后开始逐渐下降，到2003年降为0.26，近年来又有逐渐升高的趋势。其原因可能是农村的经济体制率先改革，极大地激励了农业生产的效率，但进入20世纪90年代后，制度性的约束导致劳动力资源配置效率低下，而近年来户籍制度等政策的逐渐宽松使得第一产业的相对劳动生产率逐渐提高。第二产业的相对劳动生产率呈现先下降再上升，之后再下降的趋势。其原因与国有企业改革不断推进、

大量企业冗员被淘汰以及非国有经济成分的不断增加，进而推动了新技术的开发和产业升级等因素密切相关。第三产业的相对劳动生产率经历了先下降再上升，后又在波动中下降的过程。第三产业行业众多，吸纳了大量的劳动力，但总体上看，中国第三产业技术含量不高，产品附加值低，从业人员整体素质和学历均偏低。结构变动的一般趋势是，第二、三产业的相对劳动生产率逐步降低，第一产业的相对劳动生产率最终接近第二、三产业的数值时，产业结构的均衡性和总体效益将达到合理水平。在产业结构演进过程中，如果劳动力市场具有充分的流动性，产业进入和退出不存在行政壁垒，各个产业的相对劳动生产率将会有趋同的趋势。但目前中国三次产业的相对劳动生产率差异是很大的，趋同的过程还很漫长。①

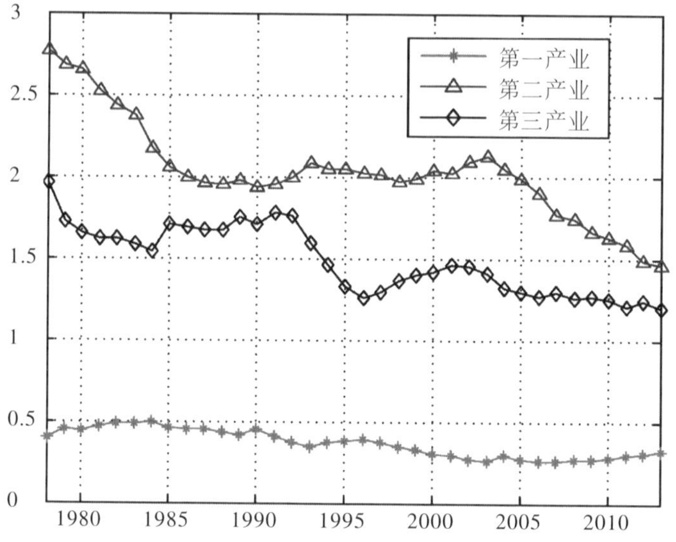

图 3-17　1978—2013 年中国三次产业的相对劳动生产率

3.4.2　结构偏离度

产业结构与就业结构的偏离程度可以用两种方法进行判断：一是用某产业的比较劳动生产率与 1 之差来测定该产业的产业结构偏离度；二是用某产业的就业比重与增加值比重之差来测定该产业的产业结构偏离

① 陈桢. 产业结构与就业结构关系失衡的实证分析［J］. 山西财经大学学报，2007（10）：32-37.

度。本书采用第一种计算方法。偏离度越大，说明结构越失衡；偏离度越小，或趋向于0，说明结构趋于均衡。如果某产业的结构偏离度小于0，该产业部门的劳动力就会向其他部门转移，并导致该产业在经济中的比重下降，如果某产业的结构偏离度大于0，则该产业部门可以吸收由其他部门转移的劳动力。一般来说，产业之间的偏离度越大，劳动力在产业间转移的可能性就越大，动力也越强。西方发达国家产业结构的变动大都经历了一个产业结构偏离度由大到小的过程。

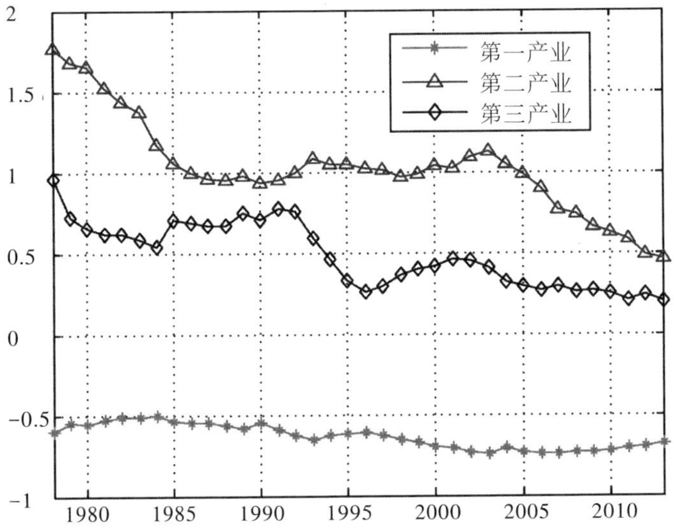

图3-18 1978—2013年中国三次产业结构偏离度

图3-18显示了改革开放以来中国三次产业结构偏离度趋势图。可以看出，第一产业就业结构与产业结构的偏离度一直为负值，由1978年的-0.60升高到2013年的-0.68，在2006年达到最高-0.74，尽管近几年略有下降，但总体来说第一产业的偏离现象不但没有减弱，反而偏离数值距离0值越来越大。中国的第一产业存在大量剩余劳动力，随着改革的逐渐深化，第一产业的剩余劳动力不但没有减少反而越来越多。结构偏离度为负值表明第一产业已不能吸收更多的劳动力就业，反而成为劳动力流出部门，但劳动力转出的步伐缓慢，因此，第一产业将继续发挥劳动力蓄水池的作用。第二产业的结构偏离度一直为正值，而且数值较大，是偏离最大的产业。结构偏离度先下降再上升，之后又下降。总

体来说，由1978年的1.77下降到2013年的0.46。结构偏离度为正值表明该产业应该吸纳更多的劳动力就业，但由于第二产业资本替代劳动现象严重，使得第二产业并没有合理吸收从第一产业转出的劳动力，资本密集型生产技术的选择导致从第一产业流出的劳动力有越过第二产业直接向第三产业转移的趋势。第三产业是结构偏离度最小的产业。偏离数值在波动中下降且一直为正，由1978年的0.96下降为2013年的0.20。第三产业行业众多，就业弹性较高，尤其是金融、房地产等新兴行业得到了较快的发展。由于技术进步和生产效率的提高，传统服务业发展迅速，使第三产业吸收了大量的劳动力，是吸纳劳动力的主要部门。第三产业偏离数值越来越向0值靠近，表明该产业的就业结构与产业结构正在向均衡状态发展，但同时也说明，第三产业吸纳劳动力就业的能力也越来越小，吸纳空间越来越有限。

3.5 本章小结

产业结构与就业结构之间相互关联、相互影响、相互制约。本章采用相关性、线性回归、多项式回归等理论和方法，对产业结构与就业结构以及两者之间的关系进行深入分析和研究，进而揭示数据之间的演进规律，主要内容包括：

第一，对产业结构和就业结构年度变化数据进行分类整理，研究两者随年度时间序列的演进规律。除依据三次产业产值和就业人员数量绘制变化曲线外，还对就业与产业结构按比例变化绘制了演进曲线，在总结数据具体变化规律的情况下，将产业结构和就业结构在1978—2013年36年间的时间跨度分成四个主要阶段，研究分析每个阶段的经济数据变化特征。研究结果表明，就业结构随年度变化的演进过程中，有滞后于产业结构变化的趋势，结合预测数据可知，就业结构会在2015年呈现“三二一”的格局，而产业结构在2013年已发生这一转变，最终二者之间将具有趋同效应。

第二，依据中国经济发展特点，分1978—2013年和1996—2013年两种情况对产业产值变化特征进行研究，建立相应的36年和18年跨度下的三次产业产值线性回归方程，给出线性回归模型的性能指标。为提高拟合精度，应用多项式回归理论，建立了针对三次产业产值的二阶和五阶非线性回归模型，在此基础上对未来年度的产值数据进行预测。通过对产业结构的相关性分析，可以明显看出第一产业的产值变化波动较大，即以农业为主的经济形式在中国经济发展过程中出现了较大幅度的波动，线性相关性较差，而第三产业的波动较小，数据变化最为平滑，相关性较好，这反映了中国服务业在近年的发展中平稳快速增长的趋势特点。从多项式的回归模型来看，近18年来中国的产业产值回归模型较改革开放以来的36年间回归模型复杂性大幅度降低，说明三次产业产值在近几年更加符合经济发展规律，产值变化的规律性更强。在实际的应用中，可以依据不同精度的多项式回归模型，对未来第一、二、三产业的产值进行预测。

第三，依据同样的理论和方法对就业结构数据随时间变化情况进行研究，建立同样两种时间跨度下的就业结构线性回归方程，结合经济数据分析方程中斜率和截距变化特点，给出相应的判定系数和显著性水平等评价指标。针对线性回归精度差的特点，提出针对就业结构的多项式拟合模型，研究不同精度下的三次就业结构人员数量变化预测模型。这一研究内容表明，相对于产业结构的数据而言，就业结构的相关性更差，尤其以农业为主体的第一产业中从业人员的数量变化最为剧烈，特别是在1990年和2004年前后，数据具有较大幅度的波动，而在同一时间段第二产业和第三产业的就业人数也发生了较大幅度的变化，说明从事农业劳动的人员在这一时间段流出和流入的情况较为普遍，但在总体趋势上，近几年农业人口数量大幅度下降，而第二产业和第三产业的从业人员数量逐年稳定上升，表明第二、三产业，尤其是以服务业为主的第三产业将成为吸纳劳动力的主要产业，在政策制定上，可以通过培训等手段对农业从业人口进行合理的引导，从而保障这部分从业人员的正常适当流动。

第四，针对就业-产业结构数据，开展两者之间的相关性研究。结合散点图分析就业-产业数据间的变化特征，利用线性回归理论给出了两者之间的相关系数，利用多项式回归理论建立了就业-产业之间的二阶与五阶非线性拟合曲线，分析拟合精度和各性能指标，进而揭示产业结构与就业结构之间的协同演进规律。研究结果表明，第一产业的就业人数与第一、二、三产业的GDP呈现明显的负相关关系，而第二产业和第三产业就业人数与三次产业产值均呈现正相关关系，并且相关性特征较为明显。这说明，在经济增长的背景下，需要适当控制第一产业的从业人员数量，适当增加第二、三产业的从业人员数量才能与经济发展模式相适应，而所提出的具有不同精度的多项式回归曲线为经济预测和调整提供理论支撑和指导，例如可以通过三次产业从业人员的数量变化预测出三次产业的产值变化。同样，当需要增加第二产业即工业的产值时，可以通过所提出的多项式回归模型计算出三次产业就业人数的配比，进而为从业人员提供就业指导，合理分配从业人员在三次产业中的分布，使得产业结构与就业结构相互匹配，协调发展。

第五，结合相对劳动生产率和产业结构偏离度两个性能指标，研究就业结构与产业结构的均衡关系，分年度对相关数据进行了分析和对比，研究在相对劳动生产率指标下产业分布特征，分析了数据波动变化成因，同时应用偏离度概念对中国劳动力情况进行深入讨论，进而得出各产业对劳动力的吸纳程度。对相对劳动生产率进行分析，可知第二产业的相对劳动生产率最高，第三产业次之，第一产业最低且一直在低水平徘徊。发达国家的实践证明，各个产业的相对劳动生产率将会逐渐趋同，但由于中国的劳动力市场不具有充分的流动性，产业的进入和退出存在行政壁垒，因此，趋同的过程还很漫长。对结构偏离度的分析表明，第一产业成为劳动力流出部门，但劳动力转出的步伐缓慢，因此，第一产业将继续发挥劳动力蓄水池的作用。第二产业是偏离度最大的产业，但由于资本密集型生产技术的选择，使得第二产业并没有合理吸收劳动力，从第一产业流出的劳动力有越过第二产业直接向第三产业转移的趋势。第三产业偏离度数值最小并且越来越向0靠近，表明该产业的就业结构与产业结构正在向均衡状态发展，但同时也说明，第三产业吸纳劳动力就业的能力也越来越小，吸纳空间越来越有限。

4 产业结构与就业结构演进趋势预测

在对产业结构与就业结构相关性和回归模型研究的基础上，本章拟引入人工神经网络技术对产业结构与就业结构之间的制约关系进行研究。在具体的研究思路上，本章主要利用神经网络技术对第3章的演进规律进行验证，分析结论的合理性与有效性，进而将回归模型与神经网络相结合，综合运用两种技术进行未来经济数据的预测，以提高产业结构和就业结构的建模精度与预测精度，为进一步的政策制定奠定基础。

人工神经网络是以工程技术手段模拟人类脑部神经网络的结构和功能的一种智能系统，运用大量的非线性并行处理器来模拟人脑的神经元，用处理器之间错综灵活的连接关系模拟人脑神经元的突触行为。人工神经网络具有强大的自学能力、联想储存能力及高速寻找优化解的功能，近年来已逐渐成为热点研究领域，涉及信息与通信工程、电子科学与技术、控制科学与技术等诸多学科，可以应用于时间序列分析、模式识别与自动控制等方面，并且处于不断的发展和完善之中。正是由于经济系统的复杂性和神经网络技术的良好性能，人工神经网络已经被广泛地应用于经济规律的研究与预测。在经济学的预测中，灰色预测理论也得到了广泛的应用，同灰色预测理论相比较，神经网络发展得更加完善，理论更加成熟，同时由于本研究需要涉及研究三种就业结构和产业结构之间的规律演进和预测，而对于这种多输入多输出的系统，灰色预测理论并不像神经网络技术一样有效与精确，因此，本章采用神经网络进行变量之间的演进规律描述和未来发展趋势预测。

4.1 方法的选择

近年来，神经网络系统理论得到迅速发展，已经成为一个国际前沿的研究领域。它通过对人脑的基本单元——神经元的建模和联结，探索模拟人脑神经系统功能的模型，并形成一种具有学习、联想、记忆和模式识别等智能信息处理功能的人工系统。人工神经网络研究是一门涉及神经生理学、认知科学、数理理论、信息与计算机科学以及微电子科学等多门学科领域相互交叉的高科技学科。

4.1.1 径向基函数神经网络

1）形式神经元

形式神经元是对生物神经元的模拟，为构成人工神经网络拓扑的基本节点。设某一神经元有n个输入，各端输入信号k时刻的强度分别是$s_j(k)|_{j=1,2,\cdots,n}$，相应的连接权值为w_i，神经元阈值为θ，其输出值可由$y(k+1)$来表示，形式神经元模型输出的离散时间差分方程式可以表示为：

$$y(k+1)=f(\sum_{j=1}^{n}u_j s_j(k)-\theta) \tag{4-1}$$

由上式可以看出，形式神经元模型为一个MISO非线性模型。图4-1为形式神经元模型。

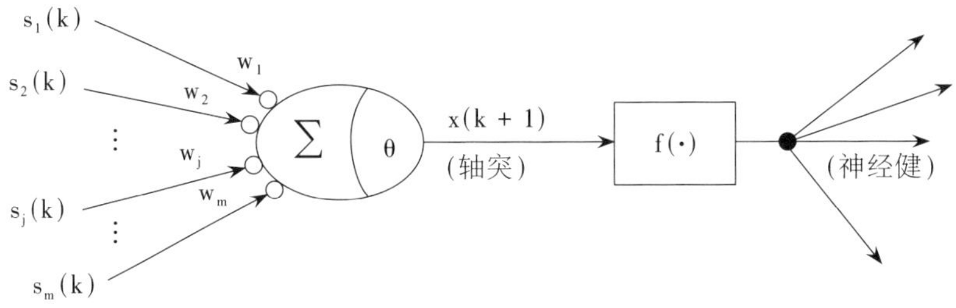

图 4-1 形式神经元模型

2）形式神经元网络模型

假设由多个形式神经元构成的m个输入、n个输出的神经元网络，则其模型更为一般的描述形式为：

$$\begin{cases} x_i(k+1) = \sum_{j=1}^{n} w_{ij} s_i(k) - \theta_i \\ y_i(k+1) = f[x_i(k+1)] \end{cases} \quad (i = 1, 2, \cdots m, k = 1, 2, \cdots) \tag{4-2}$$

由多个形式神经元构成的网络，是一种在空间（i=1，2，…；j=1，2，…）和时间（k=1，2，…）上相融合的非线性映射f。

3）径向基函数神经网络

径向基函数（radial basis function，RBF）是一种多维空间插值的传统技术，由鲍威尔（Powell）于1985年提出，Broomhead在1988年将径向基函数和多层神经网络进行了对比研究，解释了两者之间的关系。1989年，Moody和Darken提出了一种新颖的神经网络——径向基函数神经网络，紧接着Jackon论证了径向基函数网络对非线性连续函数的一致逼近性能。这些前期研究为径向基函数神经网络的发展奠定了坚实的基础。

径向基函数神经网络属于一种性能良好的前馈网络，具有最佳的函数逼近性能和全局最优特性，因此，被广泛地应用于模式分类、系统辨识、函数逼近和信号处理等领域，相对于其他基于反馈的多层前馈网络学习算法，RBF网络不仅具有良好的推广能力，而且具有计算量小、学习速度快等优点。这种网络通常是一种单隐层前馈型网络，输出节点用来计算隐层节点基函数的线性组合，隐层中的基函数对输入激励产生一个局部化的响应，即当输入落在输入空间中一个很小的指定区域中时，隐单元才做出有意义的非零响应。径向基函数的中心和半径的确定，是径向基神经网络研究的重点。

在对大脑神经元的认识的基础上，可以提出径向基函数网络的神经元映射函数为：

$$f(x) = e^{-\frac{(x-c)^2}{\sigma^2}} \tag{4-3}$$

其中：c——RBF神经网络的映射中心，用来表示神经元感受区的中心；

σ——神经元对外界作用的敏感程度，一般而言，其数值越小，则对输入的变化越敏感。

因此，RBF网络的神经元映射函数就是通常所说的高斯函数，其特点是只有当输入等于中心时，输出才会达到最大值。当输入与中心渐渐偏离时，输出也会逐渐减小，并很快趋近于零。这与实际神经元基于感受区的特点十分相似。因此，RBF网络的神经元映射函数可以更确切地描述出实际神经元响应基于感受区的特点，比其他的网络有更深厚的理论基础，其性能也更优。据此，本章拟采用径向基函数神经网络对产业结构和就业结构之间的关系和数据进行研究和预测。

4.1.2 RBF网络的结构和算法

神经网络按照组织模式与算法来分类，则可以分为前馈网络模式和互连网络模式两大类。其中，前馈网络模式具有递阶分层结构，一般分输入层、隐含层（可以是多层）和输出层。径向基函数神经网络由三层组成，其中，输入层节点的作用是负责传递信号到隐层，而隐层节点由径向基函数构成，输出层节点则通常由简单的线性函数构成。从输入层到隐层的变换是非线性的，即隐层的作用是对输入向量进行非线性变换。从隐层到输出层的变换是线性的，也就是网络的输出是隐层节点输出的线性加权和。基于RBF神经网络的拓扑结构如图4-2所示。

对于输入层，需要完成信息的传输，其输入与输出相同；对于隐层，每个神经元将其和输入层神经元相连的连接权值向量 w_i（即第i个隐层神经元的基函数中心）与输入向量x_i之间的距离乘以本身的阈值b_i作为输入。对应输入层第i个输入产生的隐层第j个神经元的输入为：

$$k_j = \sqrt{\sum(w_{ji} - x_i)^2} \times b_i \tag{4-4}$$

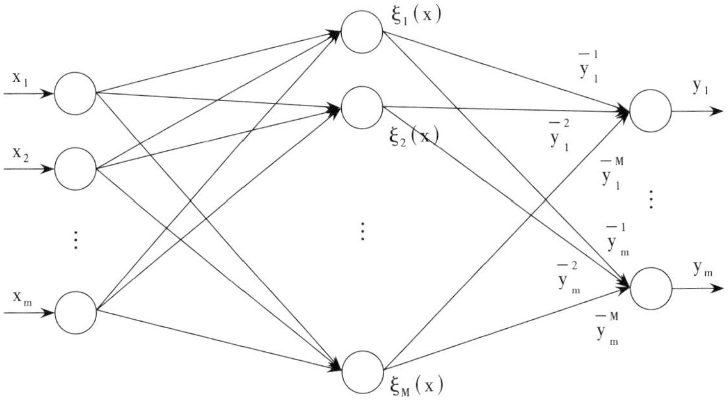

图4-2　RBF神经网络的拓扑结构

隐层包含一列的径向基函数可选，主要包括高斯函数、多二次函数、逆多二次函数、薄板样条函数等。此处选择式（4-3）所示的高斯函数作为径向基函数进行网络训练和模拟。

在径向基函数中，σ决定了该基函数围绕中心的宽度，当采用高斯函数作为径向基函数时，为了保证高斯函数的形状适度，决定了σ和隐层节点个数m之间具有如下的关系：

$$\sigma = \frac{d_m}{\sqrt{2m}} \tag{4-5}$$

其中，d_m为所选中心的最大距离。c值的大小实际上反映输出对输入的响应宽度，例如当c = 4时，那么输入向量之间的距离小于4时的响应较大，反之则响应较小。c值越大，隐层神经元对输入向量的响应范围将扩大，进而神经元间的平滑度变好。

对于输出层，输出为各隐层神经元输出的加权之和，激励函数可采用纯线性函数，对应输入层第q个输入产生的输出层神经元输出为：

$$y_q = \sum_{i=1}^{n} r_i^q \times w_i^q \tag{4-6}$$

4.2 产业结构演进趋势预测

产业结构和就业结构都按照三种形式进行划分，即第一、二、三产业及其中各自的就业人员数量。一般而言，就业结构和产业结构之间互为因果，即就业对产业具有影响，产业对就业也形成制约。在本研究中，需要分析产业-就业结构之间的内在作用机制，侧重于从就业结构出发，研究对产业的影响。从信息流的走向上看，要求着重分析就业结构对产业结构的制约规律，因此，本节主要通过神经网络技术分析就业对产业结构的作用机制，进而建立两者之间的预测模型。从这一角度出发，需要建立以三次就业结构人员数量为输入，以三次产业结构为输出的三输入三输出神经网络模型，通过训练得出相应的预测模型。

4.2.1 产业结构演进预测模型

近年来，对产业结构与就业结构的研究较多，掌握的具体数据也较为翔实，两者之间的相关性也十分明晰。在这一背景下，可以将数据分为两部分进行研究，一是在1978—2013年的36年时间中，研究自改革开放以来的产业结构与就业结构的相互制约关系，这一部分研究能够为近年来的经济演变提供佐证，从更大时间跨度范围内分析产业结构与就业结构之间的关联机制。二是研究从1996—2013年的18年间产业结构与就业结构之间的演变规律，利用径向基函数神经网络对数据进行分析，从中总结出近几年经济规律的变化，从而为政策的制定提供理论依据。

1）1978—2013年36年间产业结构与就业结构关系研究

（1）1978—2013年36年间就业结构与第一产业产值预测模型

在三次就业结构中，从业人员数量为径向基函数神经网络的输入，不断地进行训练，神经网络的训练结果如图4-3所示。图中所用的数据为1978—2013年36年间的就业人数和第一产业的产值，第一产业的产值如图中圆圈节点所示。从数据中可以看出，以农业为主的第一产业在改革开放以来产值一直在逐步增加，只在1996—2004年增长得较为平缓，而从2005年到2013年增长的速度非常快。后期增长速度变快主要是因为中国农业技术的发展以及国家在政策上的大力支持。在神经网络的训练方面，同样采用4个中间隐层节点和18个隐层节点给出预测模型。从图中可以看出，当隐层节点为4个时，预测模型与真实值偏离的误差较大，总体上由最初的预测值偏高，转变为后来的预测值偏低，尤其是在2010—2013年，预测数据跳变较为剧烈，这主要是由于这几年间就业人数变动相对较大，从而引起了预测数据的较大误差。当隐层节点增加到18个时，拟合效果得到了大幅度的增强，预测结果基本上落在第一产业产值的真实值附近。

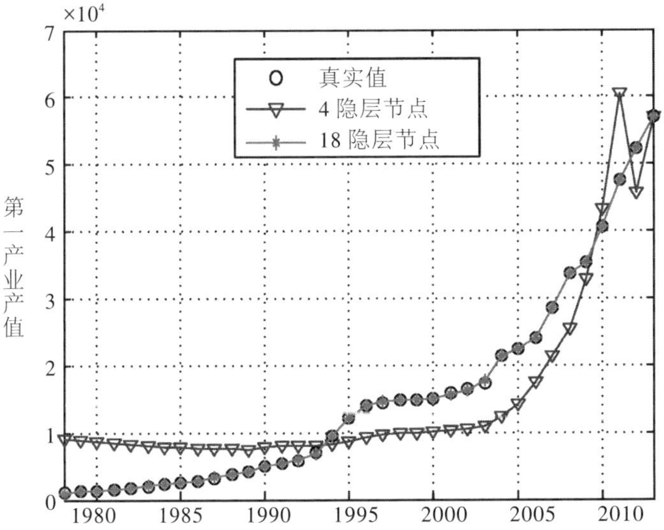

图4-3 1978—2013年就业结构与第一产业产值预测曲线

同样，为了进一步衡量径向基函数神经网络的预测性能，引入均方差MSE对结果进行评估，具体对比结果见表4-1。从拟合的结果可以看出，当节点增加到18个时，神经网络系统的预测精度还是很大，MSE=46 720.2，这主要是由于需要拟合的数据点非常多，而且不具备明显的规律性，这些原因直接造成了本次预测误差的明显增加。

表4-1 神经网络隐层节点数与第一产业产值预测模型（1978—2013年）

隐层节点数	MSE	隐层节点数	MSE	隐层节点数	MSE
2	6.53658e+07	8	392 667	14	167 152
4	2.992e+07	10	348 613	16	153 578
6	1.35889e+06	12	237 399	18	46 720.2

（2）1978—2013年36年间就业结构与第二产业产值预测模型

在1978—2013年的36年间，就业结构与二产产值的预测模型如图4-4所示。同时应当注意到，尽管从表面上看，数据分布比第一产业农业的变化更有规律，但是此时的纵坐标单位为10^5，比农业的10^4增加了一个数量级，因此，此时不能够说明数据分布更加平缓。而事实上，工业为主的第二产业相对第一产业而言，在数量的变化上更加没有规律。同样以含4个隐层节点RBF神经网络来对数据进行训练，得到的结果表明整体拟合偏差也经历了一个先偏高、后偏低，而后又剧烈跳动的过程，其实这一事实也可以从径向基函数神经网络的机理上得到解释：系统的输入为3个，而中间层的节点数仅为4个，因此，在训练过程中权值之间的调整根本无法满足拟合精度上的要求。这也是造成神经网络拟合精度差的一个主要原因。当中间隐层的神经网络节点数目增加到18个时，系统的拟合精度得到了较大幅度的提高，预测的数据点基本上位于实际的真实值附近。

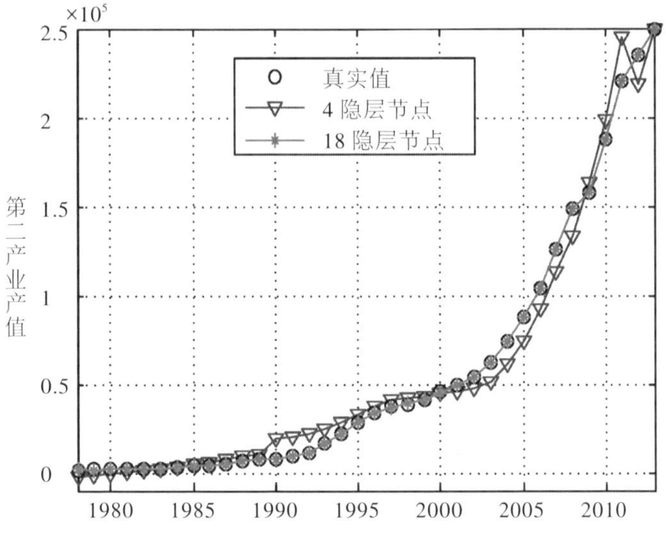

图4-4　1978—2013年就业结构与第二产业产值预测曲线

为了进一步对预测结果进行评价，将神经网络的隐层节点数与MSE数值进行统计，见表4-2。表中的数据清晰地说明了第二产业的拟合精度要明显低于第一产业，这是因为第二产业的产值具体数值大于第一产业。

表4-2 神经网络隐层节点数与第二产业产值预测模型（1978—2013年）

隐层节点数	MSE	隐层节点数	MSE	隐层节点数	MSE
2	1.28184e+09	8	1.12567e+07	14	1.47322e+06
4	7.51911e+07	10	5.18813e+06	16	659 493
6	1.47152e+07	12	2.74044e+06	18	455 522

（3）1978—2013年36年间就业结构与第三产业产值预测模型

与上述分析相类似，可以建立如图4-5所示的1978—2013年36年间就业结构与第三产业产值的预测模型，而衡量预测精度的均方差MSE数值见表4-3。结合图中的曲线和表中的数据，可以明显地看出，此时神经网络的拟合精度高于对第二产业，即工业的预测精度。在具体数值上，当节点数是4个时，MSE=6.83926×10^7，而当节点数为18个时，MSE=118 484。在实际应用中，在对精度要求不是很高的情况下，完全可以采用具有18个隐层节点的径向基函数神经网络对第三产业的产值进行预测。

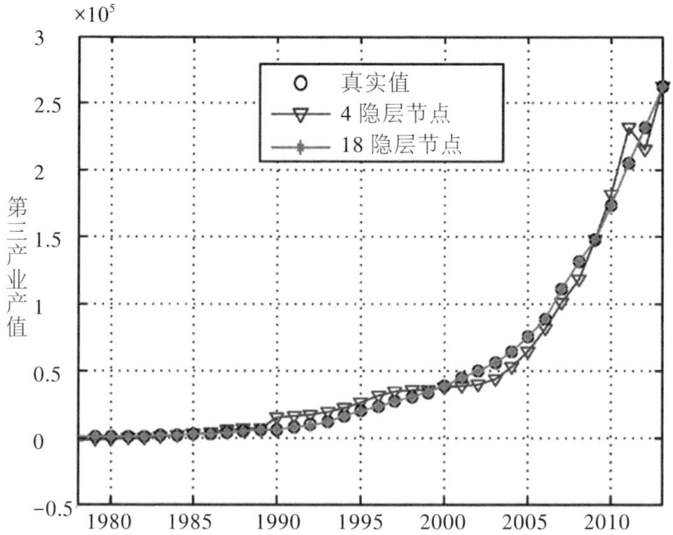

图4-5 1978—2013年就业结构与第三产业产值预测模型

表4-3　神经网络隐层节点数与第三产业产值预测模型（1978—2013年）

隐层节点数	MSE	隐层节点数	MSE	隐层节点数	MSE
2	1.00089e+09	8	5.13834e+06	14	529 003
4	6.83926e+07	10	3.10717e+06	16	191 685
6	1.55888e+07	12	2.60814e+06	18	118 484

在此处需要强调的是，针对1978—2013年的36年间的就业结构与产业结构数据进行分析和预测，其结果只是对这两种经济结构的关系进行初步的讨论。由于改革开放以来，中国经济的发展过程中受到过各种其他非经济因素的影响，导致这一时间跨度内数据变化较大，尤其是在某些时间段内，甚至发生了不符合传统经济规律的情况，因此，本时间段内的研究仅是为后续近18年间的预测样本提供辅助与参考。

2）1996—2013年18年间就业结构与产业结构演进模型

在1996—2013年的18年之间，中国经济发展较为平稳，基本符合经济的发展规律，因此，对这一段时间的经济数据分析、拟合与预测，对未来政策制定具有较为重要的参考价值。

（1）1996—2013年就业结构与第一产业产值预测模型

第一产业即农业，在1996—2013年的18年之中呈现快速发展的趋势，主要是生产力的增加和政府对农业的扶持与投入。另外，着重研究这18年间的就业结构和产业结构之间的关系，刚好能与教育结构的近18年数据相互对应，便于后续的研究和对比。从总体趋势上看，4个隐层节点的预测精度较差，一是由于量纲的原因，二是由于数据点相对较少。因此，利用均方差MSE来衡量时，其数值也较少，具体情况如图4-6及表4-4所示，此时MSE=698 094，远远小于36年中的预测精度。此外，当隐层节点逐步增加时，均方差的数值则大幅度降低，当中间隐层节点数达到18个时，均方差的数值迅速降低为MSE =0.000656878。这一数值能够达到预期的精度要求，因此，在实际的应用中，完全可以采用具有18个隐层节点的径向基函数神经网络对数据进行拟合与预测。

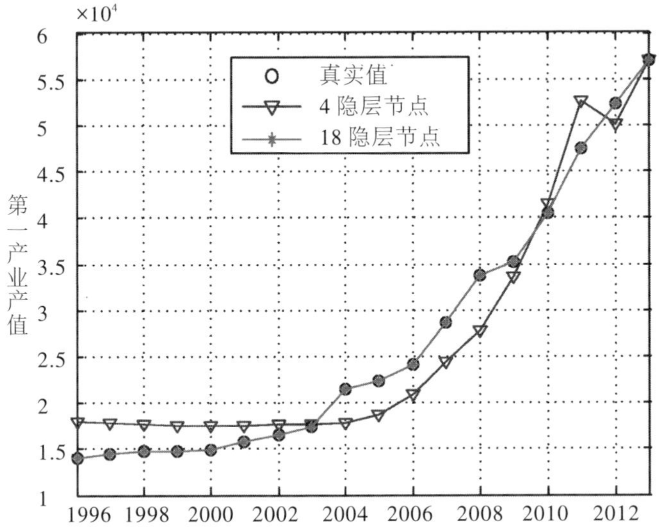

图4-6 1996—2013年就业结构与第一产业产值预测曲线

表4-4 神经网络隐层节点数与第一产业产值预测模型（1996—2013年）

隐层节点数	MSE	隐层节点数	MSE	隐层节点数	MSE
2	1.44406e+07	8	512 328	14	28 245.9
4	698 094	10	349 993	16	3 686.43
6	522 832	12	69 820.5	18	0.000656878

（2）1996—2013年就业结构与第二产业产值预测模型

第二产业为以工业为主体的产业经济体，在1996—2013年的18年间，就业结构作用下，第二产业产值的预测模型如图4-7所示，对应不同隐层节点时，神经网络系统的预测均方差MSE数值列表见表4-5。同样当隐层节点为4个时，$MSE=1.1738\times10^7$，具体表现在预测模型在2002年前预测值偏高，而2002年以后预测值又转变为偏低，在2010年以来的4年中，预测值变化幅度较大，表现为剧烈的跳动。这种现象在中间隐层节点数达到18个时，预测精度得到了较大幅度的改善，此时MSE=0.0502479，尽管在数值上较第一产业的农业数据大一些，但是精度也可以满足预测精度的要求，因此，在实际中可以采用这一数据进行在三种就业结构人数驱动下第二产业产值的预测。

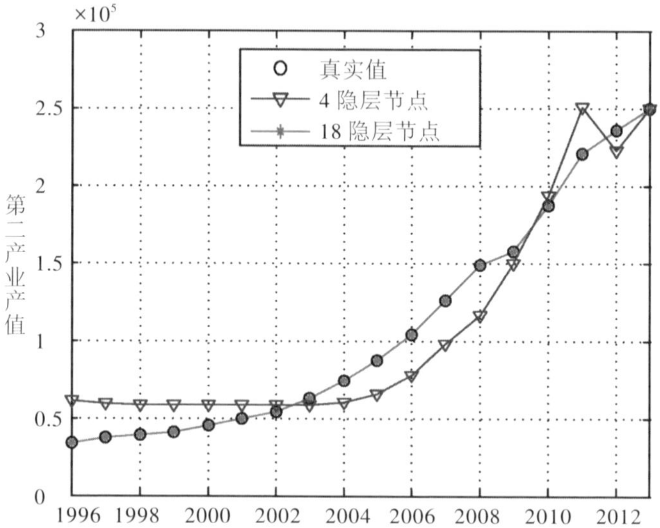

图4-7　1996—2013年就业结构与第二产业产值预测曲线

表4-5神经网络隐层节点数与第二产业产值预测模型（1996—2013年）

隐层节点数	MSE	隐层节点数	MSE	隐层节点数	MSE
2	5.80861e+08	8	5.87645e+06	14	331 600
4	1.1738e+07	10	3.7813e+06	16	112 128
6	7.47526e+06	12	963 814	18	0.0502479

（3）1996—2013年就业结构与第三产业产值预测模型

在1996—2013年的18年间，第三产业（即服务业）得到了迅猛的发展，在3种就业结构人数分布的作用下，可以建立基于径向基函数的神经网络进行训练，确定就业结构和第三产业产值之间的预测模型，如图4-8所示。另外，由于径向基函数神经网络的中间隐层节点数对预测的性能影响较大，因此，也可以将神经网络节点数与第三产业产值的模型预测精度衡量指标MSE列表见表4-6。从图4-7和表4-5的数据可以看出，当中间隐层节点数为4个时，其预测的偏差与前述产业结构的预测相似，都是依次出现预测值偏高、预测值偏低和剧烈震荡的过程。这主要是由于节点数较少，预测数据规律性较差，但是也应当明显看出，此时的预测精度要高于同等条件下的第二产业结构产值预测模型，在均方差的具体数值上，MSE=2.14556×10^7；而当节点数增加到18个时，预测效果就已经达到了很好的精度，基本上预测值落到了真实值的附近，此时，MSE=0.00791838。而同样应该注意到，当中间隐层节点数再进一步增加时，预测的精度提高幅度并不大，所以在实际的应用中，完全可以采用具有18个隐层节点的径向基函数神经网络对第三产业产值进行预测。此时的作用来源于三次产业结构中的就业人员数量，预测模型也同样能够反映出各个就业结构之间的耦合关系作用对于第三产业产值的影响，相对于单一的多元线性回归要更加有效和可信。

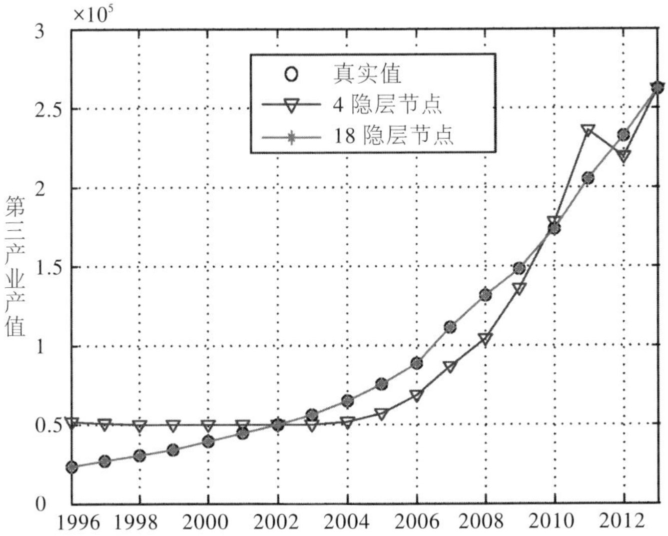

图4-8 1996—2013年就业结构与第三产业产值预测曲线

表4-6 **神经网络隐层节点数与第三产业产值预测模型（1996—2013年）**

隐层节点数	MSE	隐层节点数	MSE	隐层节点数	MSE
2	4.66102e+08	8	2.20799e+06	14	95 847
4	2.14556e+07	10	918 229	16	45 922.8
6	3.81751e+06	12	256 281	18	0.00791838

4.2.2 模型有效性检验

就业结构和产业结构各有三组数据，因此，在基于径向基函数的神经网络中构建三输入三输出的网络系统。该系统的训练结构能够同时反映三种就业结构从业人员数量上的综合变化以及彼此之间在作用于输出结果时的耦合作用，因此，结果更具有有效性和可行性。同样由于前述的原因，在预测中首先需要对数据进行归一化处理，在训练结束后再对结果进行反归一化处理，得到的预测结果既能保证径向基函数的作用效果，又具有与原数据的可比性。选取1996—2012年的17年间数据进行训练并构造预测模型，在此基础上抽取2000年、2007年和2013年3年的真实数据对训练后得出的预测值进行对比分析。此时2000年和2007年的数据作为真实值在神经网络训练过程应用，而2013年的数据并没有在训练过程中起作用，因此，本年度预测结果更具有一般的代表性。在训练中采用前述神经网络相同的参数设置，经过2 000步的训练之后，得到的预测结果如图4-9所示。

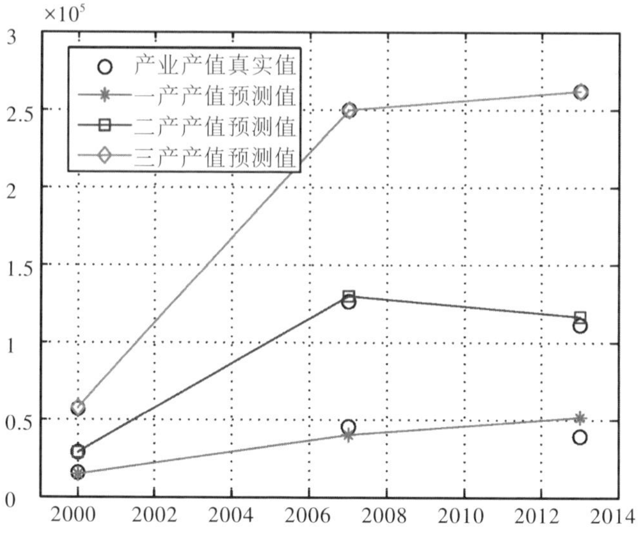

图4-9 就业-产业结构3年样本值的预测校验

从图中的数据可以看出，无论是2000年、2007年还是2013年的预测数据都基本上落到了真实值的附近，预测值对真实值的逼近程度较好。其中，预测误差的最大值发生在2013年第一产业的预测值上，误差达到4.61×10^3，而预测误差的最小值产生在2007年的第一产业就业人数预测之上，预测误差为16.0082。这些数据也说明2013年样本预测偏差较大，而这种偏差完全在可以允许的误差范围之内，也从另一个方面反映了预测的真实有效性。

4.2.3 预测结果

结合第3章中分析得到的未来3年内三次产业从业人员数量的预测数据，可以经过径向基神经网络预测，得到相应未来年度中产业结构具体产值的变化情况。

此处采用第3章中表3-1所示的数据，进行训练，所得到的结果见表4-7。

表4-7 **2014—2016年三次产业产值预测值** 单位：亿元

年份	第一产业产值	第二产业产值	第三产业产值
2014	60 657.2	263 684.4	275 314.2
2015	63 134.5	279 531.6	309 742.0
2016	65 289.0	294 275.1	320 421.4

从预测的数据可以看出，三次产业产值在未来的几年变化都表现为稳定的递增趋势，其中，第一产业产值会在2015年有大幅度的增加，增加了2 477.3亿元，第二产业产值小幅上升，第三产业产值也将在2015年大幅增加，增加了34 427.8亿元。2014—2016年，第一产业产值增加了4 631.8亿元，第二产业产值增加了30 590.7亿元，第三产业产值增加最多，增加了45 107.2亿元。就产业结构而言，2014—2016年第一产业比重持续迅速下降，第二产业比重缓慢下降，工业化趋势减弱，第三产业迅速发展，比重持续增加，保持主导地位不变，产业结构从2013年开始演变为“三二一”格局。从预测值可以看出，未来几年产业结构将继续保持高级化趋势发展格局。

4.3 就业结构演进趋势预测

4.3.1 就业结构演进预测模型

就业结构与产业结构具有一定的偏离，良性的经济发展模式要求就业结构与产业结构相互适应、相互匹配。深入地研究就业结构可知，就业结构除了包括从业人员在三次产业结构间的分配比例之外，还受到从业人员自身受教育程度的影响。而在经济发展实践中，根据产业结构的产值而获取的合理的就业结构，不能简单地对三次产业结构人员数量进行机械的划分。可行的措施是，根据当时当地的具体经济发展情况，在产业结构和就业结构的基础上，合理地制定各类从业人员的受教育程度比例，通过增加或减少各类从业人员的教育培训机构，决定当时当地就业人员的教育结构。利用具有可控性的教育结构变化，间接引起就业结构的变化，进而产生适应产业结构发展规律和特征的就业结构。实践证明，这是一条可行而有效的调节手段，具有较强的可操作性。为此，本节首先深入研究教育结构的基本构成和划分原则。面向就业结构的大背景，以往对教育结构的划分大多数基于初等、中等和高等3种形式，但是针对中国的“大学生就业难”和“用工荒”问题，这样的划分过于笼统，不适合对问题的深入挖掘和研究。因此，在教育结构的划分上，本节从中国从业人员的整体情况出发，对就业人员的整体结构进行深入分析，进而根据中国的教育程度和人口特点，可以将6岁以上就业人群分为“未上过学”、“小学”、“初中”、“高中”和“大专及以上”5种学历结构，提出教育结构的新划分原则。

1）教育结构的划分

在教育学上，教育结构是指教育总体系中各部分之间的比例关系及其相互联系的结合方式。所谓的教育总体系，是由各级各类学校构成的，主要包括普通教育、成人教育、职业技术教育、函授教育等方面。而在教育经济学方面，教育结构主要是指教育的类别结构、程度结构、型式结构、布局结构和体制结构等。而根据联合国教科文组织于1976

年制定的《国际教育标准分类》中的定义，教育层次分为“学前教育”、“小学”、“中学”、“大学”和“研究生”等8个阶段。该标准在1997年进行了修订，将教育体系的“发展阶梯”划分为7个层次，又将其中的初中和高中教育划分为三种不同的类型。总体而言，联合国教科文组织的划分主要是指教育体系内的各种结构，具有较为普遍的意义，被国际上的众多学者广泛采纳。

国内学者对教育结构的定义及划分方法，也有相关的研究。有学者认为，教育结构包括学历层次结构、办学规模结构、教育功能结构、专业和课程结构等。也有部分学者认为，教育结构是指教育系统内各个组成部分的构成状态和相互关系。还有研究认为，教育结构即“教育类型结构”，是教育体系中按照培养目标划分的各种教育类型的组成、配比及其相互关系。这些关于教育结构的研究都是针对具体的情况和背景而定的。其实，中国的教育结构和当前世界各国的教育结构基本相同，完全可以遵循《国际教育标准分类》的划分原则，将教育结构划分为学前教育、小学教育、中等教育和高等教育等层次。按照国际惯例，学前教育是指3~5岁的儿童进入幼儿园接受学前教育。此处所指的教育结构应该是一种学历层次结构，其人员应当是能够从事工农业生产劳动的成人人群。由于各国的统计口径不同，对成人年龄的划分也不同。一般有15岁及以上和25岁及以上两种，而中国在官方统计文件中是以6岁及以上人口作为抽样和统计的对象。6岁以下的儿童主要处于学前教育阶段，该类人群无法从事各种生产活动，因此，在总体的人口统计上，将这一部分人员排除在外，仅统计6岁以上人群的受教育程度。

此外，关于中国教育结构的合理性以及对就业结构的影响，很多学者进行了广泛的研究。丁继勇（2007）运用计量的方法对教育结构和就业结构之间的关系进行的研究较为系统和细致，具有一定的代表性。他在对1952年至2004年中国教育结构以及就业结构的变动进行分析的基础上，推出中国教育与就业关系的假设，运用单位根检验、协整检验以及格兰杰检验等方法对教育结构和就业结构之间的关系进行实证研究，重点分析了受教育程度与三次产业就业之间是否具有长期稳定关系，提出了两者之间的因果关系。最终得出的结论是：“教育并不能直接促进就业增长，而就业增长则对不同教育程度的劳动力就业有不同影响。”但是，丁继勇的研究主要针对1995—2004年中国的经济开展相关分析，而近年来的经济形势和教育结构都发生了较大的变化，因此，针对这一情况，本书主要对1996—2013年的18年来的情况开展相关研究，填补这一理论研究上的空白。另外，丁继勇对教育结构三个层次（初等、中等、高等）的划分较为粗糙，而中国的教育层级目前呈现多样化的趋势，三个层次的划分不利于对教育结构与就业结构内部关系深入地分析和研究。因此，针对中国教育结构的特点，本书依据“未上过学”、“小学”、“初中”、“高中”和“大专及以上”五种教育程度对教育结构进行划分，对教育结构和就业结构之间的关联和互动机理开展更为深入的研究。

根据中国的教育程度和人口特点，可以将6岁以上就业人群分为“未上过学”、“小学”、“初中”、“高中”和“大专及以上”五种学历结构。由于中国早期的教育相对落后，尽管采取了“九年义务制教育”的基本教育政策，但是在从业人员中仍存在相当一部分人处于“文盲”和“半文盲”状态，尤其是在经济落后和某些欠发达地区，这部分人员还占有一定的比例，他们往往没有经过基本的教育培养。可以将这一部分人群定义为“未上过学”的教育程度。小学教育主要是为6~11岁儿童设立的，针对人口基本素质的教育。这一部分人群在中国绝大部分地区已经基本普及，在数量上呈现逐步减少的趋势。中等教育则主要针对12~17岁的青少年所受的教育。需要强调的是，中等教育机构除包括普通中学外，还包括职业中学和各类中等专业学校。其中，在中国普通中学通常分为初中和高中，一般学习年限各为3年。高中阶段的教学形式更加多样一些，主要包括普通高中、职业高中、成人高中，以及普通中专、成人中专和技工类学校。一般而言，初中毕业生一部分会升入高中学习，还有一部分升入职业高中和中等专科学校学习，学制多为3~5年不等。因此，在教学形式上，初中和高中多有交集，升学机制较为复杂。高等教育主要包括普通高校本专科、成人高校本专科、军事院校本专科、学历文凭考试专科、电大注册视听生专科、高等教育自学考试本专科，以及硕士、博士阶段的研究生等教育形式。将教育结构按文化程度划分为以上五个层次，十分有利于分析随着时间的变化，一个国家整体人口素质结构所发生的变化，进而找到产业结构、就业结构和教育结构之间的发展规律。

在以上分析的基础上，根据《中国统计年鉴》和《中国人口统计年鉴》，可以对6岁及以上人口总量，按未上过学、小学、初中、高中和大专及以上层次的人才进行分类。需要指出的是，2000年、2001年、2005年与2010年《中国统计年鉴》和《中国人口统计年鉴》中的数据由于统计方式和抽样方法上有很大不同，因此，数量有较大差异，为了将数据进行挖掘与比较，可以将其进行归一化处理，最后可以整理出有效的统计数据，见表4-8。

表4-8 1996—2013年各教育程度人口数 单位：人

年份	6岁及以上人口	未上过学	小学	初中	高中	大专及以上
1996	1 140 592	178 167	470 880	358 780	107 344	25 422
1997	1 143 770	161 904	465 088	366 733	118 745	31 300
1998	1 150 370	117 746	457 703	380 066	122 741	32 114
1999	1 124 495	150 340	432 927	386 057	120 422	34 748
2000	1 131 430	132 834	422 914	402 666	130 599	42 318
2001	1 138 365	115 327	412 900	419 275	140 776	49 887
2002	1 178 951	120 551	412 186	443 836	146 837	55 541
2003	1 182 247	114 500	395 118	449 693	158 060	64 875
2004	1 177 817	107 922	381 371	462 796	157 783	67 945
2005	1 148 336	103 129	375 693	449 535	151 218	68 763
2006	1 118 855	98 335	370 014	436 273	144 652	69 581
2007	1 116 037	89 448	354 873	448 897	149 635	73 184
2008	1 106 434	82 987	344 870	452 929	151 474	74 175
2009	1 091 868	77 716	328 934	455 002	150 648	79 567
2010	1 079 568	68 224	311 633	448 454	157 849	93 458
2011	1 067 267	58 633	294 332	441 905	165 049	107 348
2012	1 047 865	55 454	281 681	430 799	168 941	110 990
2013	1 041 825	52 010	274 658	425 144	172 088	117 925

注：（1）数据根据各年《中国统计年鉴》和《中国人口统计年鉴》计算整理；

（2）2000年、2001年、2005年与2010年统计方式和抽样比有较大幅度变化，此处进行了归一化处理。

根据以上数据可以将1996—2013年18年间未上过学、小学、初中、高中和大专及以上人员的数量变化曲线绘制如图4-10所示。从数据上可以很直观明显地看出各种教育程度人员的数量变化规律，其中，未上过学的文盲与半文盲人员总体数量并不多，而且在近几年的变化中呈现逐年下降的趋势，目前已经成为教育程度构成中最少的一部分人群，说明中国目前已经基本消除了文盲和半文盲的人员。其次是小学文化程度的人员，1996年小学文化程度的人员数量最多，但在18年间迅速减少，在2013年，这一文化程度的人员在总量上已经位居第二。对于初中文化程度的人员，则刚好与小学文化程度的人员数量变化相反，由1996年时的第二大就业群体转化为2013年的第一大就业群体，尤其在2001年，发生了地位转换。这也从另一方面说明，中国的九年义务教育制度在这一时间段发挥了十分重要的作用，全国从业人员的教育文化程度在总体上得到了空前的提高，基本上消除了文盲和半文盲状态的人员，小学文化程度的人员减少，而具有初中文化程度的人员大量增加。高中和大专及以上文化程度的从业人员数量也在近几年得到了稳步的提升，尤其是大专及以上的高等教育人员数量增长的速度更快、更为显著，表明这一时间段中国飞速发展的高等教育使从业人员的教育素质大幅度地提高，符合中国教育发展的规律和演进趋势。

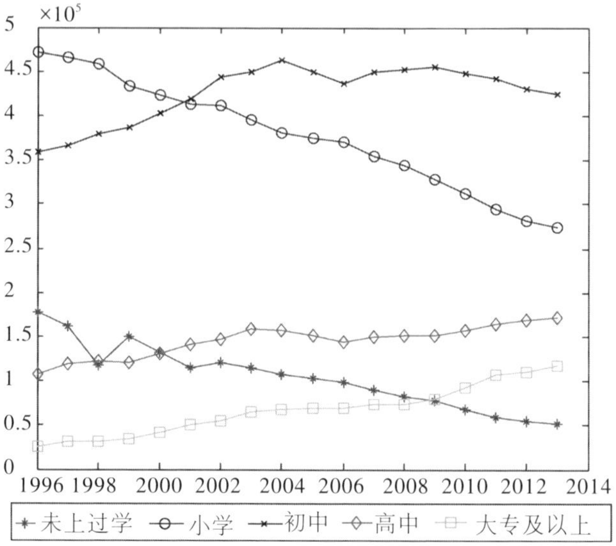

图4-10 1996—2013年中国教育程度演进趋势

2）五种教育程度与第一产业就业人数的预测模型

如前所述，教育程度分为五种：未上过学、小学、初中、高中和大专及以上。这五种学历数据共同影响就业结构。而就业结构除了直接受到五种教育程度人员数量的影响外，各教育程度之间还存在着复杂的耦合关系，即彼此之间相互制约、相互影响。因此，依据线性回归的方法所得到的多元回归模型具有一定的局限性，而神经网络方法通过不断地在线训练，在理论上能够以任意精度逼近需要研究的数据点，并且能够有效地反映多输入与多输出之间的非线性映射，同时，可以利用权值的方法建立各教育程度人员数量之间的耦合关系。基于这些原因，在此采用神经网络的方法对五种教育程度与就业结构之间的预测模型进行研究。

神经网络技术有多种方法，每种方法和技术都各有优缺点。因为径向基函数（RBF）神经网络具有全局逼近性质和最佳逼近性能，同时具有输出权值线性关系，训练方法快速易行等诸多优势，此处选择基于径向基函数的神经网络对教育结构与就业结构之间的预测模型进行研究。如果把各真实数据点比作系统的模型，那么该方法的实质就是通过不断地训练，最终确定相关的权值，对数据点进行拟合。这个通过拟合训练出的最优的权值数据，就可以看作一种预测模型，通过这些模型能够准确地反映出数据的变化规律。而现有数据则是数据训练的基础样本点。

以1996—2013年18年间未上过学、小学、初中、高中和大专及以上五种教育程度的数据作为神经网络的输入，以第一产业中从业人员的总体数量作为神经网络的目标向量，则这一研究对象为一种五输入、单输出的神经网络系统。在网络的训练过程中，假设需要的均方误差为0.05，径向基的扩展速率为3（一般而言，扩展速率越大，拟合的曲线越平滑），两次显示之间所添加的神经元数目为1，则可以开展径向基函数神经网络的训练。为了更深一步地反映神经网络的拟合性能，可以采用和方差SSE和均方差MSE来对拟合结果进行性能评价，其中和方差SSE为拟合数据和原始数据对应点的误差的平方和，计算公式如下：

$$SSE = \sum_{i=1}^{n} w_i (y_i - \hat{y}_i)^2 \tag{4-7}$$

其中，w_i为权值，y_i为数据点的真实值，$\hat{y}_i$为神经网络经过训练后按模型计算出来的具体预测数值。在此基础上，也可以通过均方差来对预测值进行衡量与评价，均方差MSE的计算公式如下：

$$MSE = SSE/n = \frac{1}{n} \sum_{i=1}^{n} w_i (y_i - \hat{y}_i)^2 \tag{4-8}$$

在训练中可以发现，中间层神经元（即隐层）的数量对拟合的结果影响较大，其余的参数如扩展速率等对结果影响较小。为了说明这一点，在拟合中假设中间隐层节点的最大数量分别为5个和25个，分别开展拟合训练仿真，所得到的结果如图4-11所示。

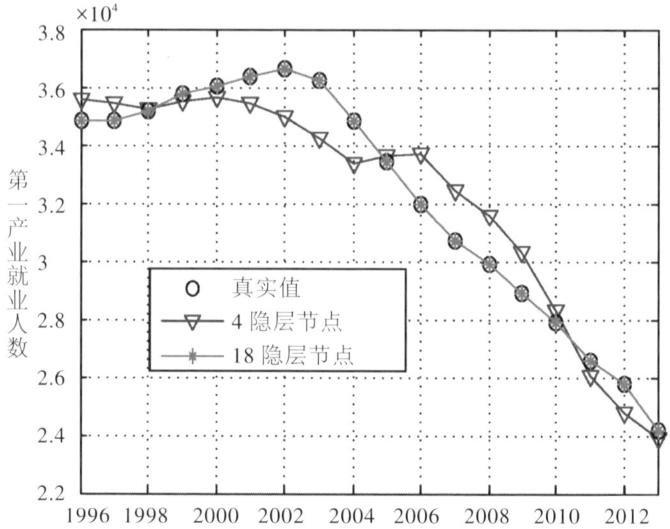

图4-11　五种教育程度与第一产业就业人数在1996—2013年的预测模型

从图中可以明显看出，当中间隐层的节点数为4个时，经过训练之后，拟合误差较大。这主要是由两个原因引起的：一是第一产业就业人数变化较大，其数据分布较为离散；二是训练中使用的节点数量较少，很难达到足够的拟合精度。当中间节点增加至18个时，神经网络的拟合精度已经非常高了。为进一步衡量这种拟合的精度，可以将训练的节点数量逐步增加，以MSE作为拟合精度衡量指标，能够将神经网络隐层节点数与性能指标之间的关系列示出来，见表4-9。

表4-9 神经网络隐层节点数与第一产业就业人数预测模型性能指标

隐层节点数	MSE	隐层节点数	MSE	隐层节点数	MSE
2	3.49667e+06	8	193 160	14	11 503.3
4	229 442	10	113 362	16	80.3017
6	219 649	12	16 615.6	18	8.43614e-05

从表中给出的性能评价指标可以明显地看出，隐层节点数对拟合性能影响十分显著，当节点数由2个增加至4个、由16个增加到18个时，系统的拟合精度提高幅度非常大，而在实际应用中，完全可以利用18个隐层节点的模型对数据进行建模。

3）五种教育程度与第二产业就业人数的预测模型

依据同样的原理和方法，可以对1996—2013年18年间未上过学、小学、初中、高中和大专及以上五种教育层次的人员数量与第二产业就业人数之间的关系建立预测模型。这一研究对象同样属于五输入、单输出的神经网络系统。假设选取的均方差、扩展速率、两次显示之间所添加的神经元数量均与上述研究相同，则可以开展基于径向基函数的神经网络训练，同样选择中间隐层神经元个数为4个及18个两种情况绘制如图4-12所示的五种教育程度与第二产业就业人数的预测曲线。

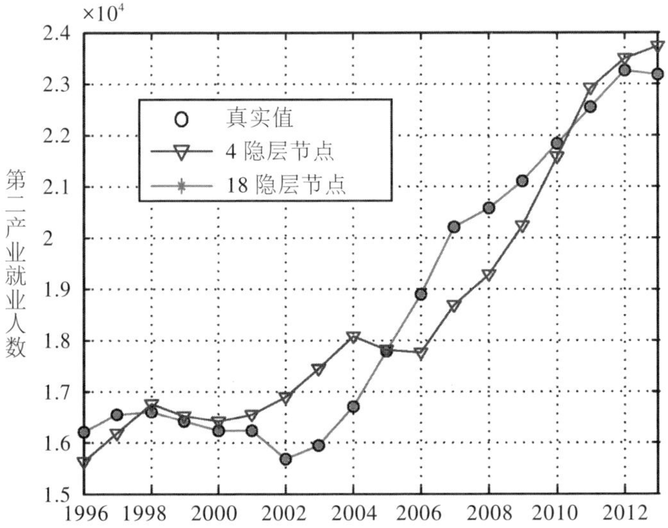

图4-12 1996—2013年五种教育程度与第二产业就业人数预测曲线

从图中同样可以看出，随年度变化的第二产业就业人员数量在总体上呈现上升趋势，仅在1998年到2002年4年间呈现逐年下降的趋势，而后便一直逐年上升，这也反映了第二产业，即工业在这一阶段的发展特征。从拟合的情况来看，当神经网络具有4个隐层节点时，拟合效果较差，仅在1998年、2005年、2010年和2011年4年数据中具有较为靠近的拟合误差，而其他时间波动较大。但有一点需要强调的是，这一拟合过程尽管在具体数值上与实际情况相差较大，但是在演进的趋势上与原始真实数据是吻合的，包括在1998年至2004年之间的先升后降再上升的过程，以及2006年以后的升降整体趋势，均是与原始数据吻合的，但是毋庸置疑，4个隐层节点的神经网络逼近误差较大，不能如实反映第二产业就业人数数量上的变化，因此，此时的预测模型不够准确。与此相对比，当中间隐层的节点数增加到18个时，网络训练系统的精度则得到大幅度的提高，具体表现为几乎所有的18隐层节点预测曲线的估计值均落在了真实值的实体圆圈之内。

为了进一步说明不同数量的隐层节点对于预测模型预测精度的影响情况，同样采用均方差MSE对拟合过程中的精度进行评价和判断，见表4-10。从表中可以直观地看出，神经网络隐层节点数与性能指标MSE之间的相互关系，此处并没有全部列出各个节点的具体拟合精度值，而是仅选取偶数个节点进行MSE的数量评价。数据同样表明，随着节点数目的增加，均方差快速下降，尤其是在节点数由16个增加为18个的过程中，均方差下降了105个数量级，此时的精度已经接近要求的拟合精度，符合预期的性能指标。

表4-10　**神经网络隐层节点数与第二产业就业人数预测模型性能指标**

隐层节点数	MSE	隐层节点数	MSE	隐层节点数	MSE
2	796 840	8	70 217.4	14	8 273.93
4	84 310.6	10	66 927.5	16	4 778.95
6	73 614.7	12	16 395.8	18	0.0177643

4）五种教育程度与第三产业就业人数的预测模型

第三产业即服务业，在1996—2013年的18年发展之中，随着中国经济的良性发展，得到了快速迅猛的发展。产值方面快速增加。就从业人员的数量上来看，也成为吸纳剩余劳动力的重要产业。前述各章已经深入地研究了各种教育程度人员在该产业结构中的独立演进曲线，并且给出了多元线性回归模型，此处需要深入分析五种教育程度人数综合作用下的服务业就业人员数量变化情况。因此，如上所述，同样建立一个由教育结构数据作为输入，由第三产业就业人员数量作为输出的五输入单输出的神经网络系统，利用数据进行不断的训练，最终建立基于径向基函数的神经网络预测模型，模型的预测结构如图4-13所示。

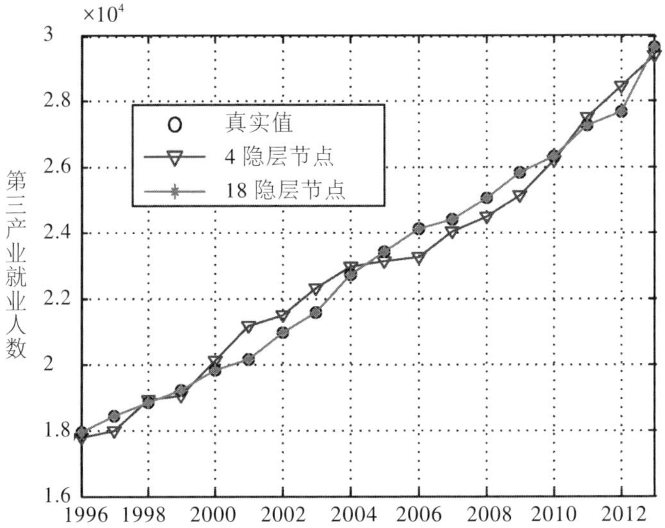

图4-13 1996—2013年五种教育程度与第三产业就业人数预测模型

从图中的第三产业就业人数来看，1996—2013年的18年间，第三产业从业人员数量呈现单调递增状态，而且总体斜率变化较为平稳，这直接导致了以4个节点作为隐层节点时，神经网络的拟合精度较前两者有所提高，但还是具有一定误差的。比较明显的是1999—2004年预测数据偏高，而2005—2010年预测数据又呈现偏低的趋势。而当节点数目增加到18个时，基本上就已经达到了足够的精度，预测的各个数据点都基本落到了真实的数据点附近。同样为了量化各节点预测模型的精度，采用均方差MSE作为性能指标对预测模型进行性能评价，列表见表4-11。可以看到，当中间隐层节点数目增加到18个时，MSE的数值降低为0.022449，小于期望的性能指标0.05，符合预期的性能指标要求。因此，此时完全可以采用中间隐层为18个节点的预测模型对数据点进行预测。

表4-11 神经网络隐层节点数与第三产业就业人数预测模型性能指标

隐层节点数	MSE	隐层节点数	MSE	隐层节点数	MSE
2	287 989	8	118 808	14	7 951.74
4	152 754	10	36 293.3	16	5 179.8
6	119 804	12	11 438.2	18	0.022449

4.3.2 模型有效性检验

在利用神经网络进行教育结构与就业结构的预测之前，需要对整体神经网络预测系统有效性进行校验，用于佐证预测数据的合理性与可行性。这里需要强调的是，在进行网络训练时，由于径向基函数的取值范围一般是在［-1，1］，同时，五种教育程度和就业结构人员数量之间数据差别较大，很多数据在量纲上比例悬殊。因此，在进行训练之前需要作归一化处理，即将数据转化为径向基函数的取值范围之内的数据值，这样才能避免径向基函数在训练过程中的有效性。同时，在归一化处理的基础上得到的数据也位于［-1，1］。因此，在经过网络训练之后，需要对初步预测的结果进行反归一化处理，即需要将径向基函数的取值范围之内的数据值转化为初始的教育程度与就业结构范围之内的数据值。只有这样才能使预测的数据便于理论分析，具有可比性和合理性。

在基于径向基函数的神经网络训练方面，选取1996—2012年的17年间数据进行训练并建立预测模型，在有效性校验过程中，抽取2000年、2007年和2013年3年的真实数据对训练结果得出的预测值进行对比分析，确定神经网络预测模型的有效性。需要注意的是，2000年和2007年的数据作为真实值是在神经网络训练过程中被采用的，而2013年的数据并没有在训练过程中被应用，因此，此处的训练具有一般的代表性，既含有训练数据预测，又含有未知年份数据的预测。在训练中采用前述神经网络相同的参数设置，经过2 000步的训练之后，得到的预测结果如图4-14所示。

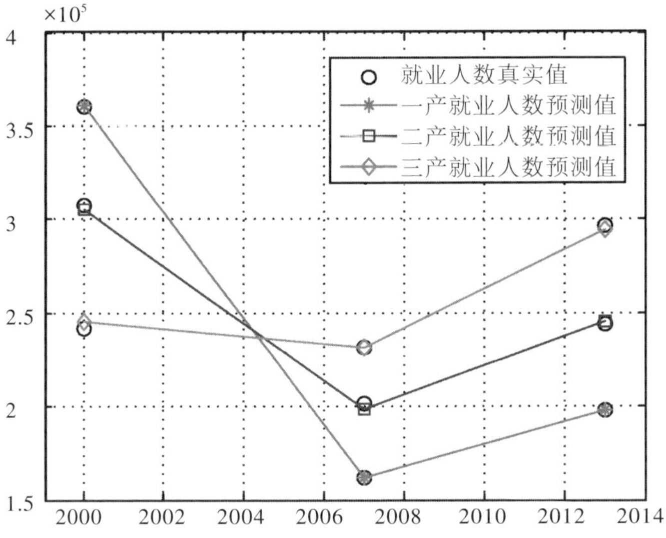

图4-14 教育-就业结构3年样本值的预测校验

从图中的数据可以看出，预测值对真实值的逼近程度较好，无论是2000年、2007年还是2013年的预测数据都基本上落到了真实值的附近。其中，预测误差的最大值发生在2013年第三产业就业人数的预测值上，误差达到410.0991，而预测误差的最小值产生在2007年的第一产业就业人数预测上，预测误差为133.6277。该数据能够反映出，不同于2000年和2007年，由于2013年的数据并没有参与样本的神经网络训练过程，因此，预测结果偏差较大；所得到的预测数值带有后面4位的小数，这说明预测值只是反映到具体的量化大小，并不代表真实的从业人员人数；预测误差相对于三个产业从业人员人数的真实值而言，在数值上很小，完全在可以接受的误差范围之内，也从另一个方面反映了预测的真实有效性。

4.3.3 预测结果

在以上分析的基础上，考虑到教育结构中五种教育程度人员数量随年度变化的演进规律，根据其演进的机理模型，可以得到未来若干年五种教育程度人员数量上的变化规律，首先在获取上述预测数据的情况下，将教育程度人员数量值作为输入，对基于径向基函数的神经网络系统进行训练，进而可以得出三次产业就业人数在未来若干年的变化情况，这也是神经网络训练的基本过程。

通过以上的方法，可以综合考虑五种教育程度人员数量变化的情况，以及这些数据彼此之间的耦合关系，得到更能反映五种教育程度从业人员作用下的三次产业就业人数之间的关系，得到的结果更为真实而有效。此处采用本章中表4-8所示的数据，进行训练，所得到的结果见表4-12。

表4-12　**2014—2016年各次产业中就业人数预测值**　单位：万人

年份	第一产业就业人数	第二产业就业人数	第三产业就业人数
2014	23 652	22 845	30 892
2015	22 457	23 043	32 061
2016	21 095	22 319	33 204

从预测的数据可以看出，三次产业就业人数在未来的几年变化较为明显。其中，第一产业就业人数逐渐下降，第二产业就业人数变化不大，第三产业就业人数稳中上升。第三产业仍然是吸纳劳动力最多的产业，而第二产业就业人数在2015年将超过第一产业，成为第二大就业产业。就业结构转变为“三二一”格局，并与产业结构呈现一致化的高级化格局结构。

4.4　本章小结

神经网络能够进行多输入多输出系统的数据预测，这一点相对于其他预测工具（比如灰色预测等）而言，具有较大的优势，能够反映出输入变量之间的耦合效应。基于径向基函数的神经网络在预测过程中表现出收敛速度快、预测精度高等优点，非常适合经济学中多变量、数据离散、规律性差的数据之间的拟合与预测。而产业结构和就业结构数据就具有这样的特征，因此，基于径向基函数的神经网络相对于其他类型的神经网络，具有明显的优势，能够较好地满足预期的预测性能要求。本章的另一关键在于将线性回归模型的预测与神经网络预测相结合，充分发挥两者优势，在考虑耦合效应的条件下实现了产业结构和就业结构的预测。

第一，考虑产业结构与就业结构的相关性，在就业结构决定产业结构的过程中，每种产业结构也是在三种就业结构人数综合作用之下而共同决定的，就业结构之间的耦合效应也必须考虑在内。建立以三次产业就业人员数量为输入，以三次产业结构为输出的三输入三输出神经网络模型，通过训练给出相应的预测模型。从预测值可以看出，未来几年产业结构将继续保持高级化趋势发展格局。

第二，考虑将所有就业人员进行划分，按照学历程度划分为未上过学、小学、初中、高中和大专及以上五种教育程度。在确定就业结构的过程中，这五组数据相互耦合，彼此影响，相互作用。建立以五种教育程度为输入，以三次就业结构为输出的五输入三输出神经网络模型，并训练得出最终的预测模型。预测结果表明，从2015年开始，就业结构转变为“三二一”格局，并与产业结构呈现一致化的高级化格局结构。

5 就业结构对产业结构的助推作用研究

就业结构与产业结构具有一定的偏离，良性的经济发展模式要求就业结构与产业结构相互适应，相互匹配。深入研究就业结构可知，就业结构除了包括从业人员在三次产业结构间的分配比例之外，还受到从业人员自身教育程度的影响，而在实际的经济发展实践中，不能根据产业结构的产值而获取的合理的就业结构，简单地对三次产业结构人员数量进行机械的划分。可行的措施是，根据当时当地的具体经济发展情况，在产业结构和就业结构的基础上合理地制定各类从业人员的教育程度比例，通过增加或减少各类从业人员的教育培训机构，决定当时当地就业人员的教育结构，利用具有可控性的教育结构变化，间接引起就业结构的变化，进而产生适应产业结构发展规律和特征的就业结构。实践证明这是一条可行而有效的调节手段，具有较强的可操作性。从这一目的和意义出发，本章拟对教育对就业结构和产业结构的影响机理进行分析和研究，引起教育-就业-产业结构的联动效应，为实现就业结构和产业结构的匹配提供可操作的路径。

为此，本章在教育结构的构成的基础上，分析了新划分原则下五种学历层次人群的随年度变化特征及随时间演进规律，并建立了相关研究的回归模型对数据变化趋势和演进规律进行揭示。然后从教育促进产业结构演进的间接和直接作用出发，深入研究了五种教育程度与三种就业结构及三种产业结构之间的相关性，从中总结出各教育与就业结构和产业结构之间的正负相关关系，建立数据间的线性和多项式非线性回归模型，利用此模型可以依据期望的就业结构和产业结构计算出各教育程度的理想调节值。从而在制定政策时，可以根据当时当地的经济发展情况，适当调整五种教育程度之间的配比情况，以期实现对经济的调节作用。

5.1 就业结构与教育的关系

5.1.1 教育是促进就业的重要因素

在科学技术迅猛发展的今天，一个国家的经济实力越来越取决于科学技术进步的程度以及掌握现代科技知识的专门人才和高素质劳动者的数量，这些都离不开教育。教育的经济效用随着劳动者就业的实现而得以体现。发展教育也是提高劳动就业、拓宽劳动者参与社会、经济生活的重要手段。

随着经济结构的调整和产业的不断升级，新兴行业岗位对劳动力素质和技能提出了更高的要求。中国经济增长方式的转变、市场经济体制的转轨以及城乡二元经济结构转换也导致劳动力市场的结构性矛盾日益突出。这一矛盾的实质是劳动力供需不匹配以及劳动力素质不能适应就业岗位的需求。研究表明，现阶段劳动力市场两极分化现象严重，高端人才稀缺，而低端劳动力数量过多，受教育程度和技能水平低的劳动者在求职中越来越处于不利的地位。一方面存在就业难的问题，许多人找不到工作，而另一方面，又有许多岗位有高技术含量等要求，不是很多人能胜任的，归根结底是教育培养的人才结构有问题。教育可以增加社会劳动力需求、控制或者改善社会就业人口的供给，即通过教育结构来提高劳动力适应社会经济发展的能力。这就要求教育结构的规划和实施要更好地反映市场需求，培养适应市场需要的人才。合理的教育结构能够培养较多高素质和有能力的劳动者，使受教育者有更多的就业选择和就业机会。尊重教育规律，使各教育程度之间相互促进，合理地配置教育资源，是教育结构调整适应就业的重要内容。

5.1.2 人力资本投资对就业结构的影响

人力资本理论首次将物质资本与人力资本分开、劳动力数量与质量分开，论证了教育能够提高人的认知能力和配置能力，并在提高人的就业能力、促进职业变迁等方面都会产生积极的影响。英国经济学家布劳格曾经指出人们把有限的积蓄投入教育，甚至不惜举债筹款来支付教育费用，不过是为了能够在将来获得金钱和非金钱的回报。[①]

人力资本教育投资作为人力资本形成和积累的重要方式，对就业具有重要影响。无论是传统经济学理论还是现代人力资本理论，对教育与就业的论述均是建立在劳动力市场完全竞争的假设下，即个人通过接受教育，获得技能水平的提升和生产能力的提高，使其在劳动力市场中具有比较优势。教育投资是一种生产性投资，个体因教育投资的差异形成劳动生产率的差异，并最终造成其在劳动市场中的位置和收入不同。人力资本投资的不同造成了劳动力市场的制度性或体制性分割，使劳动者很难在不同的劳动力市场之间转换，导致就业难与职位空缺并存的现象。劳动力市场分割理论认为，个人的受教育程度决定其进入哪部分劳动力市场，受教育程度较高的人进入主要劳动力市场的机会较大，而受教育程度较低的人只能进入次要劳动力市场。在主要劳动力市场中，职工的工资与教育程度呈显著正相关关系，但在次要劳动力市场中，工资与教育程度没有关系。

人力资本投资还具有社会化功能，最终影响就业结构。美国经济学家鲍尔斯和金迪斯论证了美国的学校教育能够维持和巩固美国的经济制度。他们认为，在美国社会中，绝大部分工作只需要程度很低的知识技能，工人工作表现的好坏主要取决于工人自身非认知性的个性特征，而教育是培

---

① BLAUG M.The private and the social returns on investment in education：some results for Great Britain［J］. Journal of Human Resources，1967：330-346.

养这些个性特征的重要手段。由于教育结构的分轨及多样化，导致来自不同社会阶层的学生受到不同形式和素质的教育，使得他们适应于不同的职业岗位。[①]家庭富裕的孩子更有机会进入一流学校，形成自尊、自重和富有创新进取精神的个性，就业时面向高等职业的工作领域，而家境贫困的孩子往往在条件较差的学校接受教育，养成遵守规则、盲目服从的个性，求职时面对低等职业的工作岗位。最终导致了一个“差异性”的社会化过程。

5.2 就业结构与教育的关系机理研究

5.2.1 各类受教育程度人数时间序列演进轨迹

1）一元线性回归分析

采用前述的线性回归理论，可以对各教育程度人员数量与年度数据两个变量进行线性回归，并对线性回归的程度进行衡量与评价。经过详细的计算和推演，可以绘制1996—2013年中国受教育程度人数随时间序列的散点图和线性回归曲线，如图5-1所示。

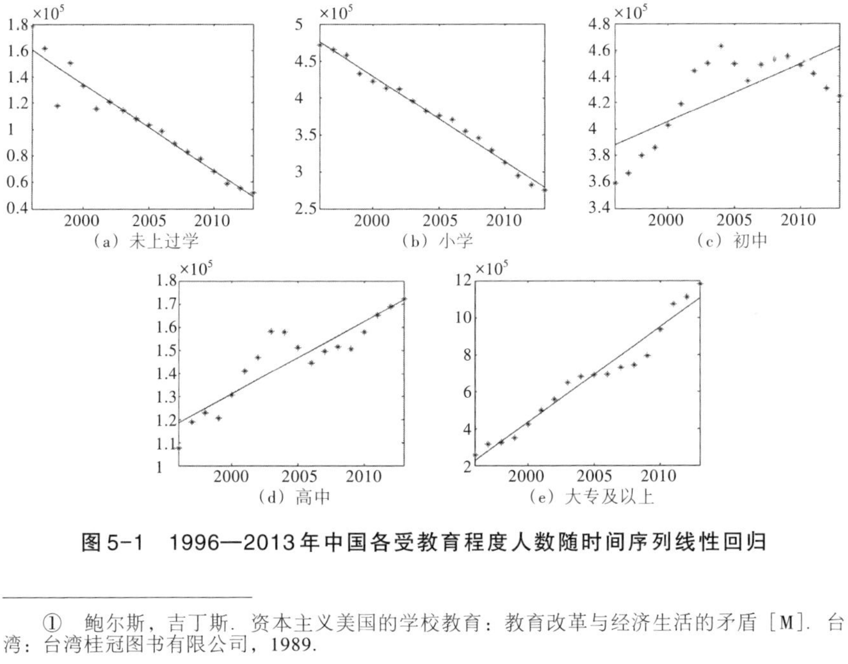

图5-1 1996—2013年中国各受教育程度人数随时间序列线性回归

① 鲍尔斯，吉丁斯．资本主义美国的学校教育：教育改革与经济生活的矛盾［M］．台湾：台湾桂冠图书有限公司，1989.

以上随时间序列的中国各受教育程度人数回归曲线表明，“未上过学”与“小学”学历的人群每年呈现负增长，线性度非常好，用线性直线进行回归基本能够达到很好的拟合效果；“大专及以上”学历的人群数量在2000年至2010年前后出现了一定的波动，但是基本上是围绕回归直线段上下规律波动的，因此，采用直线段进行线性拟合也可以达到很好的回归效果；但是需要强调的是，拥有“初中”和“高中”两类学历的人群数量，在线性回归直线段两侧出现较大幅度的波动，散点图的非线性特征十分明显，如果仅仅采用线性回归拟合，将达不到需要的精度。

为了突出以上线性回归的效果对比，可以将线性回归的各项性能指标列表（见表5-1）。从中可以看出，尽管利用方差分析法判断回归的显著性水平均为“高度显著”，但是“初中”和“高中”的判定系数分别为0.5172与0.8244。因此，可以判断仅仅依赖线性回归的方法对“初中”和“高中”进行拟合，精度上很难满足要求。基于以上考虑，可以采用多项式的方法，提高拟合曲线的阶次，对这两种学历层次的人数随时间序列变化进行拟合。

表5-1 **基于时间序列的各受教育程度人数线性回归性能指标**

受教育程度	一元线性回归方程	显著性水平	判定系数	估计标准误差
未上过学	$\hat{y} = 1.3226 \times 10^7 - 7 \times 10^3 x$	高度显著	0.9308	9.823×10^3
小学	$\hat{y} = 2.3617 \times 10^7 - 1.2 \times 10^4 x$	高度显著	0.9906	6.219×10^3
初中	$\hat{y} = -8.3824 \times 10^6 + 4.4 \times 10^3 x$	高度显著	0.5172	2.336×10^4
高中	$\hat{y} = -6.1388 \times 10^6 + 3.1 \times 10^3 x$	高度显著	0.8244	7.962×10^3
大专及以上	$\hat{y} = -1.0277 \times 10^7 + 5 \times 10^3 x$	高度显著	0.9620	5.645×10^3

2）多项式回归模型

上述分析表明，依赖线性回归理论对“初中”和“高中”两种学历程度的人员数据进行回归，其准确性较低。因此，采取以下措施提高拟合精度：

（1）时间序列下“初中”学历程度人数一元多项式拟合

散点图表明，“初中”学历程度的人数随时间变化得较为剧烈，因此，本节采用二至五阶的多项式对该数据进行拟合，如图5-2所示。随着阶次的增加，回归的精度会得到逐步的改善。针对各阶次，多项式拟合函数如下。

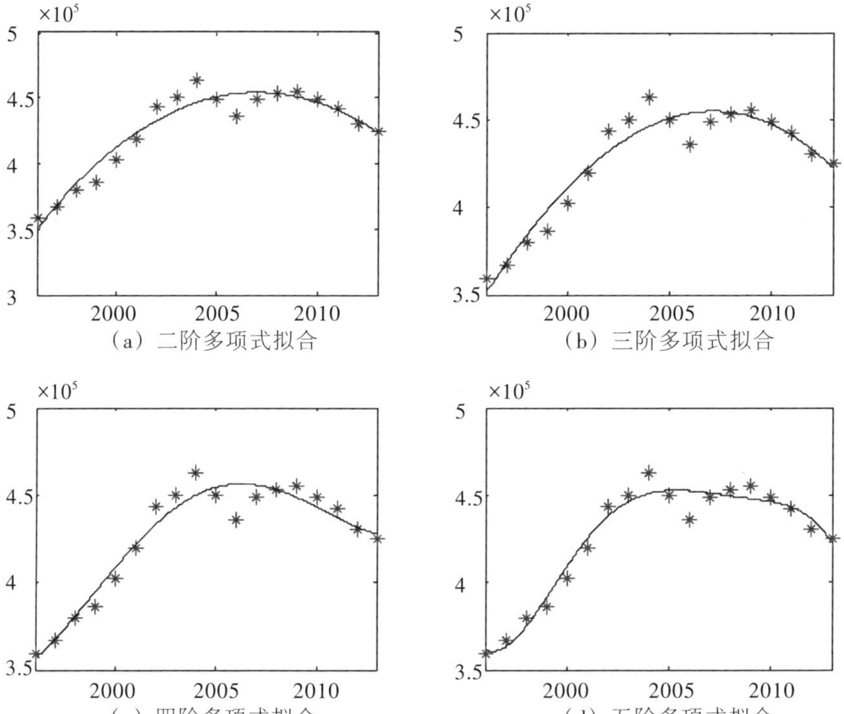

（a）二阶多项式拟合　（b）三阶多项式拟合

（c）四阶多项式拟合　（d）五阶多项式拟合

图5-2　时间序列下“初中”学历程度人数一元多项式拟合

a）二阶多项式拟合结果：

$$\hat{y} = -8.5383 \times 10^{2}x^{2} + 3.4274 \times 10^{6}x - 3.4391 \times 10^{9}$$

b）三阶多项式拟合结果：

$$\hat{y} = -6.3482x^{3} + 3.7321 \times 10^{4}x^{2} - 7.3094 \times 10^{7}x + 4.7690 \times 10^{10}$$

c）四阶多项式拟合结果：

$$\hat{y} = 6.4095x^{4} - 5.1398 \times 10^{4}x^{3} + 1.5456 \times 10^{8}x^{2} - 2.0656 \times 10^{11}x + 1.0352 \times 10^{14}$$

d）五阶多项式拟合结果：

$$\hat{y} = -1.9266x^{5} + 1.9316 \times 10^{4}x^{4} - 7.7465 \times 10^{7}x^{3} + 1.5533 \times 10^{12}x^{2} - 1.5573 \times 10^{14}x + 6.2453 \times 10^{16} \quad (5-1)$$

图5-2可以清晰地反映非线性拟合曲线的具体演变趋势，而拟合的多项式如果超过五阶，拟合的精度变化不大，因此，此处只给出二至五阶的拟合结果和仿真曲线。随着阶次的增加，回归模型的复杂性显著增

加，在实际应用中，可以根据精度的需求选取合适的多项式回归模型对当前数据进行拟合。同时，也可以对未来数据进行估计和预测。另外，为了进一步说明拟合的性能指标，可以将“初中”学历教育程度人数一元多项式拟合性能指标列表（见表5-2）。

表5-2　**“初中”学历教育程度人数一元多项式拟合性能指标**

阶数	SSR	SSE	F值	显著性水平	判定系数	估计标准误差
二阶	1.6890×10^{10}	1.1961×10^{9}	105.9052	高度显著	0.9339	8.9297×10^{3}
三阶	1.6898×10^{10}	1.1877×10^{9}	66.3977	高度显著	0.9343	9.2105×10^{3}
四阶	1.7066×10^{10}	1.0195×10^{9}	54.4042	高度显著	0.9436	8.8557×10^{3}
五阶	1.7349×10^{10}	0.7367×10^{9}	56.5188	高度显著	0.9593	7.8353×10^{3}

从表中可以看出，判定系数随着阶次的增加呈现逐步增加的趋势，当阶次由二阶升至五阶时，r^2由0.9339变为0.9593。由判定系数可以判断，五阶多项式的拟合效果已经具有足够高的精度，可以用来描述“初中”学历教育程度人数随年度的变化规律和进行未来值的预测。

（2）时间序列下“高中”学历程度人数一元多项式拟合

同样，可以对一元线性回归判定系数较低的“高中”学历程度的人数进行一元多项式拟合。从散点图可以看出，“高中”学历程度的人数随年度变化的剧烈程度较“初中”的有所降低，但是判定系数却表明，其拟合精度有待于进一步提高，故此处仍然采用二至五阶的一元多项式模型对这些数据进行拟合与分析。拟合效果如图5-3所示。针对各阶次，多项式拟合函数如下。

a）二阶多项式拟合结果：

$$\hat{y} = -1.4983 \times 10^2x^2 + 6.0038 \times 10^5x - 6.0814 \times 10^8$$

b）三阶多项式拟合结果：

$$\hat{y} = 37.1663x^3 - 2.2365 \times 10^5x^2 + 4.4861 \times 10^8x - 2.9995 \times 10^{11}$$

c）四阶多项式拟合结果：

$$\hat{y} = 4.8051x^4 - 3.8490 \times 10^4x^3 + 1.1562 \times 10^8x^2 - 1.5435 \times 10^{11}x + 7.7275 \times 10^{13}$$

d）五阶多项式拟合结果：

$$\hat{y} = -1.1983x^5 + 1.2015 \times 10^4x^4 - 4.8188 \times 10^7x^3 + 9.6632 \times 10^{10}x^2 - 9.6888 \times 10^{13}x + 3.8858 \times 10^{16} \quad (5\text{-}2)$$

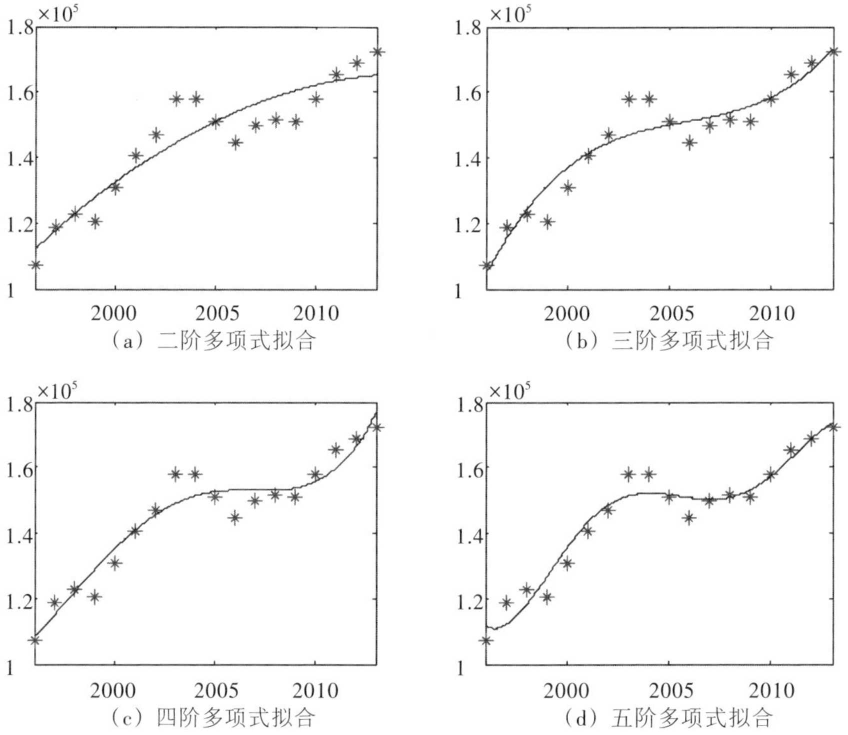

图5-3 时间序列下“高中”学历程度人数一元多项式拟合

“高中”学历人员数量的非线性拟合曲线的变化规律可以清晰地显示在图5-3中。同样当多项式的阶次超过五阶时，拟合的精度变化不大，因此，此处只讨论二至五阶的拟合结果和曲线。另外，为了进一步说明拟合的性能指标，可以将“高中”学历教育程度人数一元多项式拟合性能指标列示（见表5-3）。

表5-3 **“高中”学历教育程度人数一元多项式拟合性能指标**

阶数	SSR	SSE	F值	显著性水平	判定系数	估计标准误差
二阶	4.9938×10^{9}	7.8237×10^{8}	47.8718	高度显著	0.8646	7.2221×10^{3}
三阶	5.2829×10^{9}	4.9325×10^{8}	66.3977	高度显著	0.9146	5.9357×10^{3}
四阶	5.3774×10^{9}	3.9875×10^{8}	43.8289	高度显著	0.9310	5.5383×10^{3}
五阶	5.4855×10^{9}	0.2907×10^{8}	45.2854	高度显著	0.9497	4.9220×10^{3}

从表中可以看出，判定系数随着阶次的增加呈现逐步增加的趋势，

当阶次由二阶升至五阶时，r^2由0.8646变为0.9497。由判定系数可以判断，五阶多项式的拟合效果优于“初中”学历人员数据拟合程度，因此，可以利用一元五阶多项式对“高中”学历教育程度人数随年度的变化规律进行描述和对未来值演变趋势进行预测。

3）教育结构预测

以上数据给出了各教育程度人员数据随时间变化的规律，从中可以看出，不同时间阶段，“未上过学”、“小学”、“初中”、“高中”和“大专及以上”五种教育程度人员的演进趋势。从另一方面而言，这种刻画演进趋势的一元线性或非线性曲线也是一种模型，描述了各种教育程度的人员的数量变化规律，基于上述回归模型，可以对未来年份的各类教育程度人数进行预测。需要强调的是，根据判定系数，从回归精度角度，可以将“未上过学”、“小学”与“大专及以上”归为一类，利用线性方程对未来年份进行预测；而对“初中”和“高中”学历的人员数量，利用式（5-1）和式（5-2）的五次多项式进行预测。假设需要预测未来3年的数据，通过上述回归模型，可以将预测结果列如下（见表5-4）。

表5-4 **2014—2016年各教育程度人数预测** 单位：人

年份	未上过学	小学	初中	高中	大专及以上
2014	42 553	266 960	39 5912	173 384	115 640
2015	36 007	255 360	34 9960	165 288	120 800
2016	29 461	243 770	27 5464	143 848	125 960

5.2.2 就业结构与教育的相关性与回归模型

1）就业结构与教育结构的一元线性回归分析

（1）教育结构与第一产业就业人数相关系数

为了深入了解各教育程度的人员数量与第一产业就业人数之间的相关关系，可以首先依据数据绘制如图5-4所示的散点图。从散点图能够明确地看出，数据之间的相关性较差，很难通过单一的直线段将数据拟合出来，其中，未上过学、小学、高中和大专及以上四种学历程度的人员在数据末端均出现了较大幅度的波动，而波动最为明显的是图5-4c，即初中学历的教育程度人员分布，似乎两个变量之间的相关性很差。

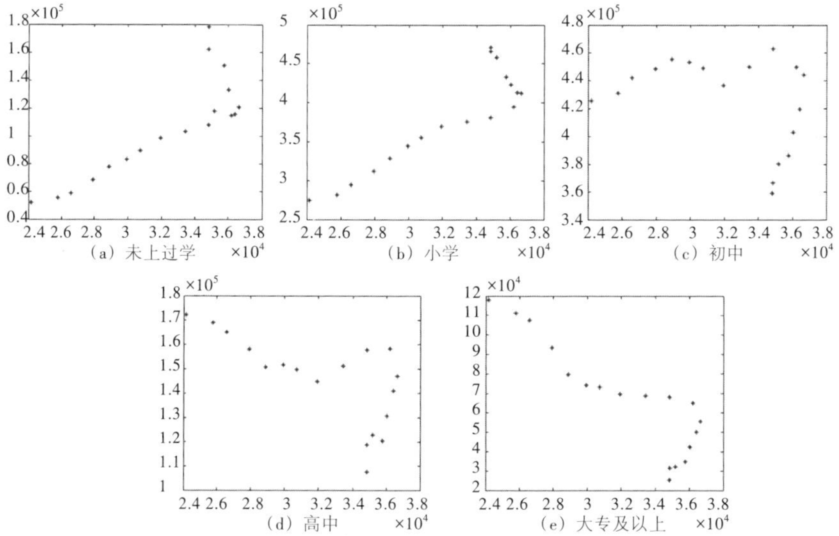

图5-4 各教育程度与第一产业就业人数关系散点图

需要强调的是，本书所涉及的教育结构、就业结构和产业结构数据的统计方式并不完全相同，数据间具有异构性。例如，本书所采用的教育结构数据来源于《中国统计年鉴》，其五种教育程度人员数量的统计值是基于特定范围的抽样样本，而就业结构和产业结构数据是基于国家统计局给出的三次产业总体统计数据。根据这一事实，本书研究采用无量纲化处理，只研究变量数据间的关系和作用规律，这样的处理并不影响变量间的相关性和预测结果。

为了更好地说明数据之间的相关性，并对其进行量化衡量，可以根据上述相关系数理论，分别计算出各教育程度与第一产业就业人数之间的相关系数及各种重要指标，见表5-5。

表5-5 **各教育程度与第一产业就业人数相关系数**

教育程度	未上过学	小学	初中	高中	大专及以上
观测量数目	18	18	18	18	18
相关系数	0.844	0.906	−0.366	−0.679	−0.890
r=0的假设检验成立概率	≤0.001	≤0.001	≤0.135	≤0.002	≤0.001
相关性	高度正相关	高度正相关	低度负相关	显著负相关	高度负相关

结合散点图和表5-5中的数据可以看出，未上过学以及小学教育程度的人员和第一产业中的就业情况呈现明显的“高度正相关”关系，而大专及以上教育程度的人员与第一产业的就业情况呈“高度负相关”关系，可见未上过学、小学和大专及以上三种学历层次与第一产业的就业情况关系紧密。此外，高中学历的人员与第一产业的就业情况呈现“显著负相关”关系，相关系数为-0.679，尽管相比前三者其相关性较差，但是也基本上符合线性变化规律。而相关性最差的为初中学历的人员，呈现“低度负相关”关系。

以上分析也与实际情况相符。首先，在以农业为主的第一产业中，学历层次较低的“未上过学”与“小学”文化程度的人员较多。由于学历的原因，限制了该类人群的自然流动，一般选择在家务农为主，在数据分析中，这两类人群与第一产业就业人员数据的相关性分别为0.844和0.906。其次，大专及以上学历的人员，在第一产业中的就业人数相对较少，并且这部分学历层次的人员数量与第一产业的人员就业数量呈现“高度负相关”的关系，这主要是由于相当大一部分农村籍人员通过高考转移到第二、三产业中进行就业。而初中与高中学历的人员在就业取向上较为复杂，表现的相关性较差，因为这部分人员的就业取向和选择范围较大，呈现出较为强烈的非线性关系特征。

在以上分析的基础上，利用线性和一元多项式方法对数据进行拟合，建立各教育程度与第一产业就业的模型，挖掘数据变化的潜在规律，绘制线性回归和多项式回归曲线，如图5-5所示。从图中可以看出，“未上过学”、“小学”学历层次的人员除后期变化异常外，其与第一产业就业数据基本呈线性关系，采用三阶多项式拟合后精度得到了一定的提高。而对于“初中”、“高中”和“大专及以上”学历人员，线性拟合作用有限，采用三阶多项式拟合后，除尾部数据变化不规律外，总体拟合效果有所提高，基本可以反映数据变化的情况。

（2）教育结构与第二产业就业人数相关系数

同样采用相关系数法，对上述各教育程度与第二产业就业人数之间的相关关系进行分析和研究。相关系数的各种数据见表5-6。

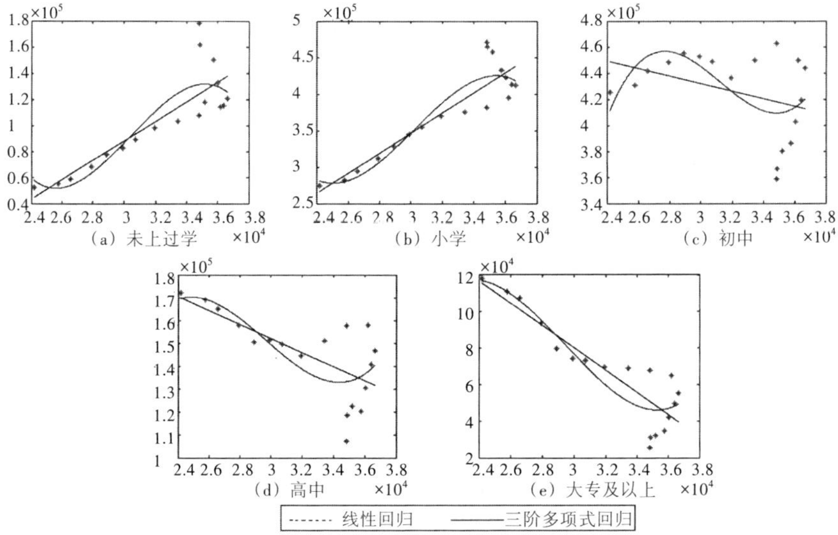

图5-5 各教育程度与第一产业就业人数线性回归和多项式回归曲线

表5-6 **各教育程度与第二产业就业人数相关系数**

教育程度	未上过学	小学	初中	高中	大专及以上
观测量数目	18	18	18	18	18
相关系数	-0.874	-0.923	0.420	0.697	0.895
r=0的假设检验成立概率	≤0.001	≤0.001	≤0.082	≤0.001	≤0.001
相关性	高度负相关	高度负相关	低度正相关	显著正相关	高度正相关

从表5-6可以看出，未上过学以及小学教育程度的人员和第二产业中的就业情况呈现明显的“高度负相关”关系，而大专及以上教育程度的人员与第二产业的就业情况呈“高度正相关”关系。可见未上过学、小学和大专及以上三种学历层次人员与第二产业的就业情况关系紧密。此外，高中学历的人员与第二产业的就业情况呈现“显著正相关”关系，相关系数为0.697。可见，此类学历人数与第二产业就业情况表现出的相关性较之前三者要差，但是也基本符合线性变化规律。与前述相似，相关性最差的为初中学历的人员，呈现“低度正相关”关系，这一点也可以从散点图中看出，其数据的非线性变化特征明显，无法用单一的线性关系进行描述。

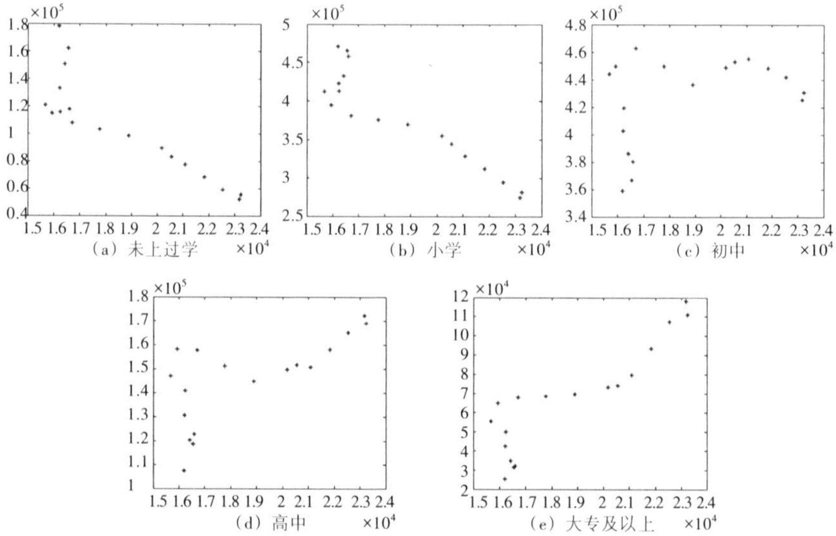

图 5-6　各教育程度与第二产业就业人数关系散点图

以上数据说明，五个学历层次的从业人员分别与第一、二产业就业人数表现出的线性相关性基本相同，只是“正”“负”相关性特性表现得恰好相反（见表 5-5 和表 5-6）。第二产业是以建筑业和工业为主的产业，从 1996—2013 年 18 年间的统计数据反映的结果符合这一产业的实际发展情况。“未上过学”与“小学”文化程度的人员与第一产业就业人员数量的相关性分别为-0.874 和-0.923，说明第二产业对从业人员的教育程度要求较高，文化程度低的人员很难适应工业化的生产需求。其次，大专及以上学历的人员在第二产业中的就业情况明显好转，从业人员数量大幅度增加，呈现出“高度正相关”的特征，即该类人员在本次产业的就业中处于增加性发展趋势。此外，“初中”和“高中”学历的人员相关性较差，分别为 0.420 和 0.697，而最差的“初中”学历的数据属于“低度正相关”，“高中”学历的数据呈现“显著正相关”，说明这两个教育层级的从业人员，在就业取向上呈现明显的多样性特征。

在以上分析基础上，利用线性和一元多项式方法对数据进一步拟合，构建各教育程度与第二产业就业的模型，揭示数据变化的潜在规律，掌握动态的变化特征。绘制的线性回归和多项式回归曲线如图 5-7 所示。从图中可以看出，“未上过学”和“小学”学历人员与第二产业就业人数除首端异常外基本呈现线性关系，采用三阶多项式拟合后，精度提高有限；而“初中”、“高中”以及“大专及以上”学历程度人员与第二产业就业人数基本不呈线性关系，尤其是“初中”学历人员数据，三者采用一元三阶多项式进行拟合后，精度提高有限，主要因为数据变化在部分区段无规律可循，但拟合效果相比线性有所提高。

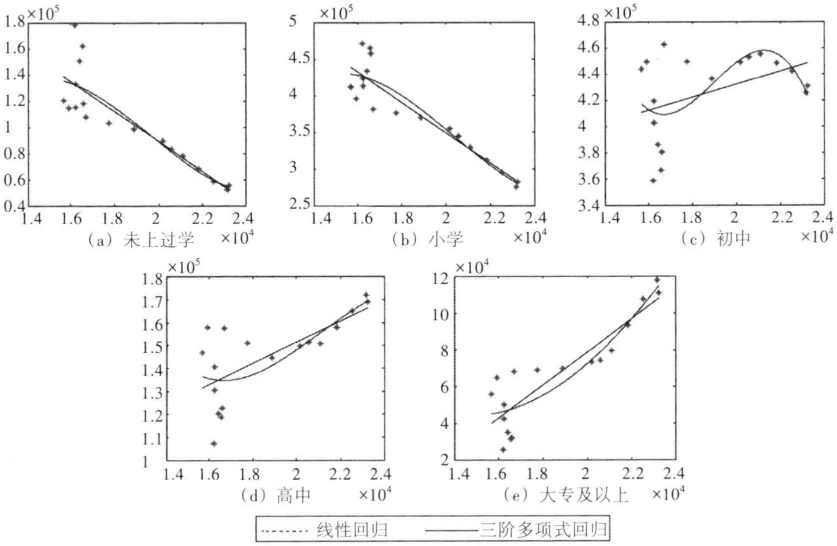

图5-7 各教育程度与第二产业就业人数线性回归和多项式回归曲线

（3）教育结构与第三产业就业人数相关系数

与上述方法相类似，对上述各教育程度与第三产业就业人数之间的相关关系进行分析和研究。相关系数的各种数据见表5-7。

表5-7 **各教育程度与第三产业就业人数相关系数**

教育程度	未上过学	小学	初中	高中	大专及以上
观测量数目	18	18	18	18	18
相关系数	-0.952	-0.990	0.671	0.889	0.981
r=0的假设检验成立概率	≤0.001	≤0.001	≤0.002	≤0.001	≤0.001
相关性	高度负相关	高度负相关	显著正相关	高度正相关	高度正相关

从表5-7可以看出，五种学历层次的就业人员与第三产业就业人数的相关性大幅度提高，具体表现在“未上过学”、“小学”和“大专及以

上”学历层次的人员相关系数绝对值都超过了0.9，分别呈现“高度负相关”、“高度负相关”和“高度正相关”的特征。较之第一产业和第二产业的就业情况而言，“初中”和“高中”学历的人员数量相关系数也分别跃升了一个层次，即转变为“显著正相关”和“高度正相关”，其具体表现在“初中”和“高中”学历的人员数量变化的幅值趋于平缓。据此可知，五种教育层次的就业人员数量相关性均表现出较大幅度改善，对第三产业就业人数影响程度显著。相关性的这种显著变化也体现在散点图上，离散的各点呈现更加规律性的排布。其具体形式如图5-8所示。

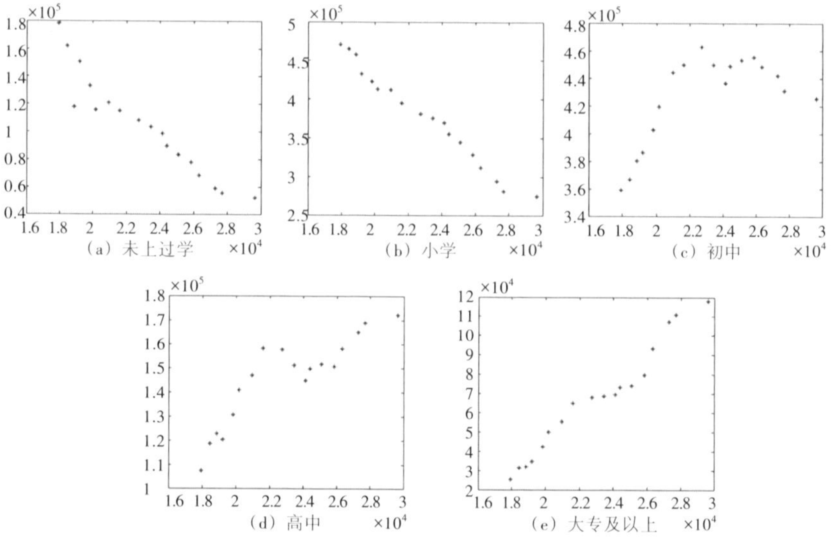

图5-8　各教育程度与第三产业就业人数关系散点图

在以上分析的基础上，可以考虑利用线性和一元多项式方法对数据进行拟合，建立各教育程度人数与第三产业就业情况的模型，用以揭示数据变化潜在规律，掌握动态变化特征。因此，绘制线性回归和多项式回归曲线如图5-9所示。从中可以看出，“未上过学”、“小学”和“大专及以上”学历层次的人员与第三产业数据基本上呈现线性关系，采用三阶的多项式进行数据拟合作用不大，精度提高十分有限；而对于“初中”和“高中”学历的人员数据，采用一元三阶多项式进行拟合作用比较明显，尤其是“初中”学历人员数据的拟合程度，完全可以反映数据的走势和规律，而“高中”学历人员数量的拟合略差，主要是由于数据变化在部分区段无规律可循，但是拟合效果也基本上能反映数据的变化。

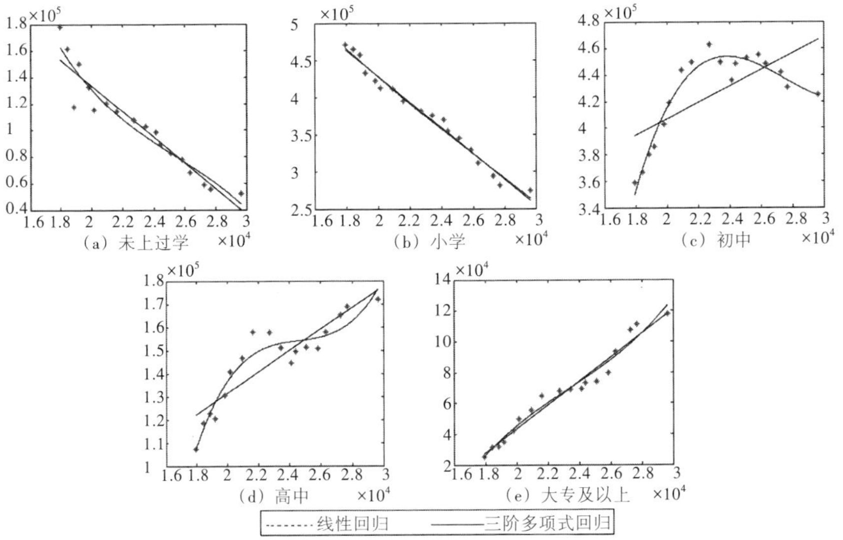

图5-9 各教育程度与第三产业就业人数线性回归和多项式回归曲线

2）就业结构与教育结构的多元线性回归分析

（1）教育结构与第一产业就业人数多元线性回归

如果从业人员在第一产业中的就业总人数为y_1，将拥有“未上过学”、“小学”、“初中”、“高中”和“大专及以上”五种学历程度的就业人群定义为自变量x_1，x_2，x_3，x_4，x_5，则采用前述多元线性回归理论可以得到各教育程度人数与第一产业就业人数的多元线性回归模型如下：

$$y_1 = 1\,047.4 + 0.0305x_1 + 0.0125x_2 + 0.047x_3 + 0.2474x_4 - 0.2202x_5 \quad (5\text{-}3)$$

应用式（5-3）所示的回归模型，利用前述计算公式，可以得到多元线性回归的各性能指标见表5-8。

表5-8 **各教育程度人数在第一产业中的多元线性回归性能指标**

教育程度	离差平方和	F值	显著性水平	P_j值
未上过学	1.5072×10^6	2.3414	不显著	0.2695
小学	1.0035×10^5	0.1559	不显著	0.1899
初中	4.2338×10^4	0.0658	不显著	0.0374
高中	8.0277×10^6	12.4706	高度显著	1.1121
大专及以上	4.1765×10^6	6.4880	显著	1.5086

此外，经过计算可以确定式（5-3）所示的多元线性回归方程的相

关系数 r=0.9864，而反映回归精度的剩余标准差 S=802.3269。这些拟合数据表明，尽管在回归中“小学”、“初中”和“未上过学”学历程度的人员出现了“不显著”的特征，但是整个方程的相关系数接近于1，也能说明回归的效果很好。在各影响因素中，$P_5 > P_4 > P_1 > P_2 > P_3$，说明对第一产业人员就业人数影响的重要程度依次是：大专及以上、高中、未上过学、小学、初中。

（2）教育结构与第二产业就业人数多元线性回归

同样可以对第二产业中就业人员的数据进行多元线性回归，此时从业人员在第二产业中的就业总人数为 y_2，将拥有“未上过学”、“小学”、“初中”、“高中”和“大专及以上”五种学历程度的就业人群定义为自变量 x_1，x_2，x_3，x_4，x_5，则采用前述多元线性回归理论可以得到各教育程度人数与第二产业就业人数的多元线性回归模型如下：

$$y_2 = 48\,868 - 0.0295x_1 - 0.027x_2 - 0.014x_3 - 0.1531x_4 + 0.0882x_5 \tag{5-4}$$

应用式（5-4）所示的回归模型，利用前述计算公式，可以得到多元线性回归的各性能指标，见表5-9。

表5-9 **各教育程度与第二产业就业人数中的多元线性回归性能指标**

教育程度	离差平方和	F值	显著性水平	P_j值
未上过学	1.4047×10^6	5.7783	显著	0.3844
小学	4.6686×10^5	1.9205	不显著	0.6051
初中	3.5162×10^3	0.0145	不显著	0.0159
高中	3.0750×10^6	12.6496	高度显著	1.0170
大专及以上	6.6924×10^5	2.7530	不显著	0.8923

此外，经过计算可以确定式（5-4）所示的多元线性回归方程的相关系数 r=0.9888，而反映回归精度的剩余标准差 S=493.0442。这些拟合数据表明，尽管在回归中，“小学”、“初中”和“大专及以上”学历程度的人员出现了“不显著”的特征，但是整个方程的相关系数接近于1，也能说明回归的效果很好。在各影响因素中，$P_4 > P_5 > P_1 > P_2 > P_3$，说明对第二产业人员就业人数影响重要程度依

次是：高中、大专及以上、未上过学、小学、初中。

（3）教育结构与第三产业就业人数多元线性回归

与上述类似，可以对第三产业中就业人员的数据进行多元线性回归。此时，从业人员在第三产业中的就业总人数为y_3，将拥有“未上过学”、“小学”、“初中”、“高中”和“大专及以上”五种学历程度的就业人群定义为自变量x_1，x_2，x_3，x_4，x_5，则采用前述多元线性回归理论可以得到各教育程度人数与第三产业就业人数的多元线性回归模型如下：

$$y_1 = 48\,868 - 0.0295x_1 - 0.027x_2 - 0.014x_3 - 0.1531x_4 + 0.0882x_5 \quad (5\text{-}5)$$

应用式（5-5）所示的回归模型，利用前述计算公式，可以得到多元线性回归的各项性能指标，见表5-10。

表5-10 **各教育程度与第三产业就业人数的多元线性回归性能指标**

教育程度	离差平方和	F值	显著性水平	P_j值
未上过学	2.7786×10^5	1.1391	不显著	0.1338
小学	1.4980×10^5	0.6142	不显著	0.2681
初中	6.9979×10^5	2.8689	不显著	0.1758
高中	1.0891×10^6	4.4648	不显著	0.4735
大专及以上	1.1460×10^6	4.6983	不显著	0.9134

此外，经过计算可以确定式（5-5）所示的多元线性回归方程的相关系数r=0.9931，而反映回归精度的剩余标准差S=493.8835。这些拟合数据表明，尽管在回归中“未上过学”、“小学”、“初中”、“高中”和“大专及以上”学历程度的人员都出现了“不显著”的特征，但是整个方程的相关系数接近于1，也可以说明回归的效果很好。在各影响因素中，$P_5 > P_4 > P_2 > P_3 > P_1$，说明对第三产业人员就业人数影响重要程度依次是：大专及以上、高中、小学、初中、未上过学。

5.2.3 教育改革对就业结构优化的政策分析

1）教育改革要与就业结构的调整相协调

教育发展必须适应和服务于经济社会的发展，以实现教育发展的规模、结构、质量和效益的内在统一。技术对经济增长的作用毋庸置疑，通过正规的教育可以使人们获得先进的技术，而且更易于掌握和开发新技术。从这个意义上说，教育的提升决定着经济增长。目前，第三产业仍然是就业的主渠道，而第三产业行业众多，有对学历程度要求较高的高技术行业，也有大量适合低学历程度者从事的低端服务性行业。从中国所处的工业化发展阶段看，适当调整教育结构，而不是盲目提升教育层次才是发展的方向。到2014年，中国的高等教育入学率已到达37.5%，已进入高等教育大众化阶段。发达国家的实践是在初等和中等教育非常普及的情况下才逐步提高高等教育比重，而且初等教育和中等教育比高等教育具有更高的社会收益率。因此，教育的发展要结合所处的经济发展阶段，渐次扩大更高层次的教育结构。

2）合理发展教育，促进劳动力有序流动

就业结构是由产业结构所提供的就业岗位及其所要求的劳动力素质与之适应配置而形成的。为推动国民经济更好地发展，应该根据产业结构特点合理安排就业，以充分发挥就业的结构效应，预防和减少就业中的结构性矛盾，更好地实现与产业结构的协调发展，因此，可以根据产业结构特点扩大与之相适应的就业人群。从研究结果看，“初中”、“高中”和“大专及以上”学历程度人员数量与第一产业就业人数呈现负相关，而与第二、三产业就业人数呈现正相关，这一特征表明学历层次在就业结构中的分布特征。如果要增加第二、三产业就业人数，可适当增加“初中”、“高中”和“大专及以上”学历程度人数，减少小学及以下学历人数所占比重。也就是说，要调整就业结构的组成，就需要针对不同的教育程度人群作出不同的调整政策。

3）发展职业教育，拓宽就业渠道

职业教育是使受教育者获得某种职业技能或职业知识，形成良好的职业道德，满足从事一定社会生产劳动的需要。研究结果表明，“初中”和“高中”学历的人群在就业结构中的分布规律性最差，这也反映了该类学历程度的从业人员在就业的选择上具有较大的随意性。而“初中”和“高中”教育除包括普通中学外，还包括职业中学、各类中等专业学校、职业高中、成人高中以及技工类学校等。因此，要改革职业教育的人才培养模式，优化专业结构，实现充分就业，最大限度地降低隐性失业、摩擦性失业和结构性失业，提高就业的效率，促进资源配置趋向帕累托状态。高等教育大众化程度提高后，高校毕业生就业已经成为很难解决的社会问题，同时，又有相当多的企业招不到实用型人才，这些暴露了中国目前的教育与市场需求脱节。加强以就业市场为导向的职业教育，有助于职业教育与培训体系等办学模式的改革，缓解就业压力，使职业教育有利于促进整个社会的和谐发展。

5.3 产业结构与教育的关联性分析

在经济学理论中，产业结构主要是指在社会再生产过程中，一个国家或地区的产业类型组成、产业的发展水平以及产业之间的技术经济联系，产业结构在经济发展过程中起着基础性的支撑作用。而对于教育结构，如前所述，主要是指教育体系中的各个教育程度人员的比例关系及其组成方式，教育结构关系到教育培养人才的种类、规格和适应工作的水平能力，关系到教育体系为经济建设和社会发展服务的质量。

从一定意义上来讲，教育结构必然会受到产业结构的制约，教育层次结构的调整要视产业结构的高级化程度而定，各教育类型的培养规模要与产业结构的变动相适应，而就某一区域而言，要根据该区域的产业结构特征，适当调整教育结构的组成比例，使之与产业结构相配套。尤其是在产业结构的升级过程中，各产业中产品的知识和技术含量不断提高的同时，产业间会呈现出劳动密集型向知识、技术密集型转移的趋势，此时产业结构的变化会引起劳动要素，即资本、原料、劳动力之间的结构性的变化，而产业结构内部的这种变化，会对教育的层次及其结构提出新的、更高的要求。

中国的教育结构和产业结构处于不断的发展变化中，产业结构为教育体系提供的条件和要求也在不断发生变化。在实际制定政策时，通过科学的研究和分析，采用政府宏观调控和市场机制相结合的途径，适时、合理地根据具体情况调整教育结构，以保持教育结构和产业结构相互适应，对促进经济和社会发展是十分必要的。因此，此处根据中国经济发展和教育结构的数据，深入研究教育结构与产业结构的相关性，通过建立两者之间的线性与非线性回归模型，掌握两者之间的变化规律与演进趋势，并对教育结构与产业结构的协调性开展理论讨论和研究。

5.3.1 产业结构、就业结构与教育的协调性分析

在产业结构与就业结构的关系中，一定的就业结构是由一定的产业结构决定的，产业结构的调整必然引起就业结构的变化。就业结构是由产业结构所提供的就业岗位及其所要求的职业劳动力素质与之适应配置而形成的。研究就业结构的目的一方面是使就业与产业发展需求相一致，从而推进产业结构的演进升级，推动国民经济更快更好地向前发展；另一方面是根据产业结构演进趋势合理安排就业，以充分发挥就业的结构效应，为有效预防和减少就业中的结构性矛盾提供理论参考与政策指导，从而为扩大就业服务。中国目前处于深化经济体制改革的过程中，劳动力供给总量大且整体素质水平不高，扩大就业是统筹经济社会发展中艰巨而紧迫的重大任务。就教育提高劳动就业来说，合理的教育培养能更好地帮助劳动力在不同产业之间实现就业转移，使劳动力更符合产业发展的需求。就业结构中从业人员的受教育程度的变化能够直接决定就业结构的变化，如果忽略就业人员的受教育程度，即不考虑拥有不同学历人员在就业结构中的相互比例，则必然会引发各类的社会问题，无法实现就业结构和产业结构之间的匹配与调控。

产业结构和就业结构，以及就业结构中从业人员的受教育程度之间相互制约、相互影响，存在着复杂的联动性和协调性关系。经济增长方式的转变和优化产业结构离不开劳动者素质的提高和对先进技术的快速掌握应用，只有不断地创新科技才能实现经济的内涵式增长，才能促进产业结构的知识化，从而促使产业结构优化。劳动者素质的提高离不开各个层次的教育培训，教育的普及和发展是建立在一定的经济增长基础上的，经济增长才会使人们有财力去投资教育。在健康的市场经济体制发展模式下，要求就业结构与产业结构协调发展，相互适应，互相匹配，而合理的从业人员受教育程度在两者之间的合理分配，可以促进产业结构从低级到高级不断升级，同时也能够推动就业结构的不断优化。在产业结构的升级中，要求综合协调考虑诸如就业结构、从业人员受教

育程度、劳动力流动等多方面因素。

5.3.2　产业结构与教育的相关性与回归模型

1）教育结构与第一产业产值的相关性

（1）教育结构与第一产业产值的散点图

散点图使用数据值作为x，y坐标来绘制点，它可以揭示所绘制的值之间的关系，是度量两变量之间关系强弱的最直观的图形，还可以显示数据的趋势。当存在大量数据点时，散点图的作用尤为明显。根据《中国统计年鉴》，可以将各教育结构（“未上过学”、“小学”、“初中”、“高中”和“大专及以上”）的数据与第一产业的具体产值数据绘制散点图如图5-10所示。

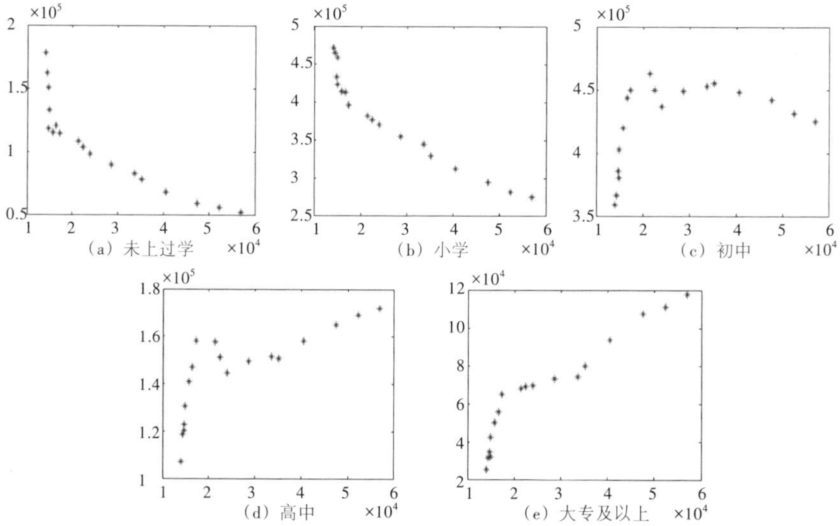

图5-10　各教育程度与第一产业产值散点图

从图5-10a中可以看出，没有上过学的人数在第一产业中，最初呈现快速下降的趋势，经过一段下降过程之后，出现了相对较为平缓的趋势。总体来讲，该散点图基本上呈现线性的状况，反映了第一产业中“未上过学”的人数可以近似线性化。

图5-10b反映了小学文化程度的人员在第一产业中的分布情况，可以看出人数出现明显的下降趋势，这一趋势得益于中国实行的九年义务

制教育，很多地区包括中国的中西部地区正在努力普及高中阶段的教育(包括高中阶段的职业技术教育)，因此，近几年基本上扫除了青、壮年文盲。而从事农业劳动的人口，具有“小学”文化程度的人员数量也大幅度减小，呈现很好的线性化趋势，逐年迅速下降。

图5-10c描述的是“初中”文化程度的人员数量在农业中的分布情况。这幅图的线性度差，呈现出剧烈的变化态势，不具有一定的规律性。这主要是由于第一产业GDP的增加，并不能直接导致初中文化程度的人员数量增加，有时甚至会出现反复与反向减少。这主要是由于拥有初中文化程度的从业人员就业取向复杂，很多人除了从事农业劳动外，还可以外出务工、从事建筑业等第二产业的工作，而工作性质一般以简单的体力劳动型的工作为主。

图5-10d和图5-10e反映的是“高中”和“大专及以上”学历人员在农业产业中的分布情况，可以看出两者对第一产业的线性相关性均较好，在农业产值较低的时候，“高中”和“大专及以上”学历人员数量有一定的波动，但是随着产值的增加，两者均呈现快速的上升趋势，这也反映了这一行业的从业人员特征，即随着在本产业中高等学历的人员数量增加，农业产值也会相应地增加。具体表现在农业中近些年广泛推广的科技种田和农业机械化，这些领域迫切需要具有“高中”和“大专及以上”等高等学历的人员加入到传统的农业生产之中。需要注意的是，在图5-10e中，纵坐标的数量级为10^4，而其他图中纵坐标的数量级均为10^5，说明尽管整体趋势上看各图趋势较为相似，但是具有高等学历，即“大专及以上”人员在农业产业中的人员绝对数量还是相对较少的，但是这种快速增加的态势是好的。这也印证了中国的农业生产之中也迫切需要高层次的人员加入，更好地提高该产业的科学和技术含量。

（2）教育结构与第一产业产值的线性回归

散点图仅能从宏观的角度对两组变量之间的关系进行描述，并不能通过具体的量化数据反映各变量之间的相关关系。因此，需要对数据进行线性拟合，用来更加形象而明确地反映两组研究数据之间的相关性。因此，根据图5-10的具体散点数据，可以绘制如图5-11所示的线性回归曲线。

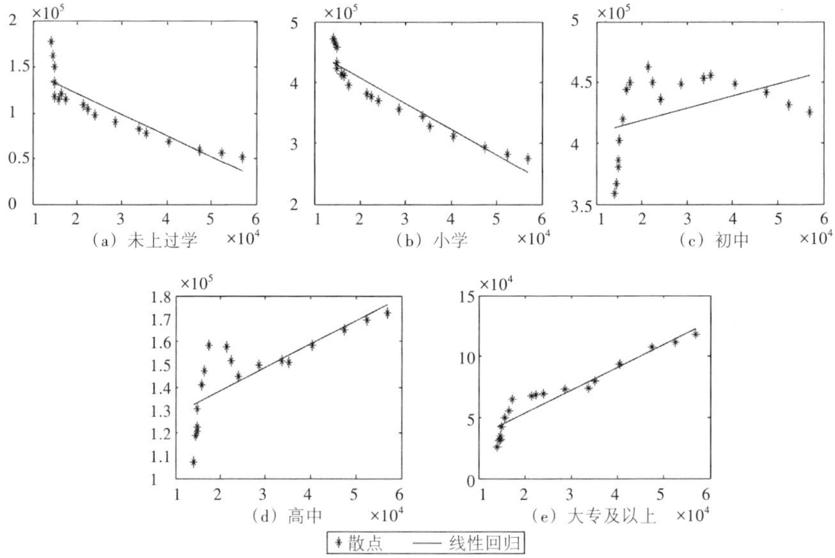

图5-11 各教育程度与第一产业产值线性回归

由于线性回归线段从视觉上给出了各个散点图的回归拟合结果，至于拟合程度的好坏，即拟合的衡量与评价还不能用数量的方式加以确定，因此，本章依然采用上述章节中使用的性能指标对线性回归的精度进行测评与评估，回归的各性能指标可以归纳为表5-11。

表5-11 **各教育程度人数与第一产业产值线性回归性能指标**

教育程度	一元线性回归方程	显著性水平	判定系数	估计标准误差S
未上过学	$\hat{y}=165940-2.2692x$	高度显著	0.8883	1.715×10^4
小学	$\hat{y}=489\,140-4.1543x$	高度显著	0.9472	2.056×10^4
初中	$\hat{y}=398\,300+1.0081x$	不显著	0.4382	3.022×10^4
高中	$\hat{y}=117\,900+1.0149x$	高度显著	0.7807	1.187×10^4
大专及以上	$\hat{y}=16\,081+1.8738x$	高度显著	0.9460	9.388×10^3

结合表5-11的拟合性能指标数据，可以更加清晰地得出初步的结论。将线性度由高到低进行排列，依次为：小学、大专及以上、未上过学、高中、初中。其相关系数依次为：0.9472、0.9460、0.8883、0.7807、0.4382。

整体数据再次表明小学文化程度在从事农业劳动中相关性最好，说明该类文化程度的人员在第一产业中就业人数变化较为稳定，基本上随着经济的增长呈现稳定的负相关关系；其次是大专及以上文化程度的人员，这一部分人员呈现稳定的正相关，说明随着经济的增长，具有高等文化程度的人员数量会相应地增加，即随着农业产值的增加，将会吸引更多的具有高等文化教育程度的从业人员，而且这一数量增长的速度较快；相关性最小的是初中文化程度的人员，这一点在散点图中也能清晰地看到，其相关系数仅为0.4382，这也反映了初中文化程度的人员就业人数并不随着农业产值的增加而明显增加，这一部分人员有更多的选择空间，尤其是以职业教育为主的初中型教育，对中国偏远农村人员具有很大的吸引力，经过培训后，该类文化程度人群会大量流向城市，从事第二或第三产业的生产和服务活动；未上过学和高中学历的人员虽然都表现为高度显著的拟合效果，但是一个属于负相关，一个属于正相关，相关系数分别为0.8883和0.7807，数据说明一方面完全文盲状态的人员在农业劳动中的绝对数量在快速下降，而具有高中学历的人员的从业人数则呈现逐年上升的态势。这些数据有力地说明了，随着经济的发展，第一产业对从业人员的素质要求提高，而不是以往以单一的低学历为主体的整体结构。

（3）教育结构与第一产业产值的多项式回归

尽管上述的线性回归针对大多数的学历程度的拟合是有效的，但是可以看到，初中学历的从业人员在第一产业中的分布用线性回归来拟合，其精度是十分低的，根本不能真实反映两个变量之间的关系和演进规律。因此，可以考虑利用非线性的方法来对数据进行拟合。关于非线性方法，可以采用坐标变换的方法，将原来的数据进行转化，形成具有线性形式的坐标，进而采用线性理论进行拟合，比如对原来的坐标进行取对数运算。但是这种方法具有局限性，因为并不是所有数据进行转换之后都能形成线性关系，并且即使存在这种转换，适合这种转换的函数也很难寻找。因此，本章考虑采用多项式对数据进行拟合，通过逐次提高多项式的阶次，原则上以任意的可信度逼近数据。但是当多项式阶次过高时，精度的提高空间不会很大，同时，也容易发生误判等情况。根据这些原因，针对各教育程度人员数量在第一产业中的分布特征，分别采用二阶和五阶的多项式进行非线性回归，具体的拟合曲线如图5-12所示。

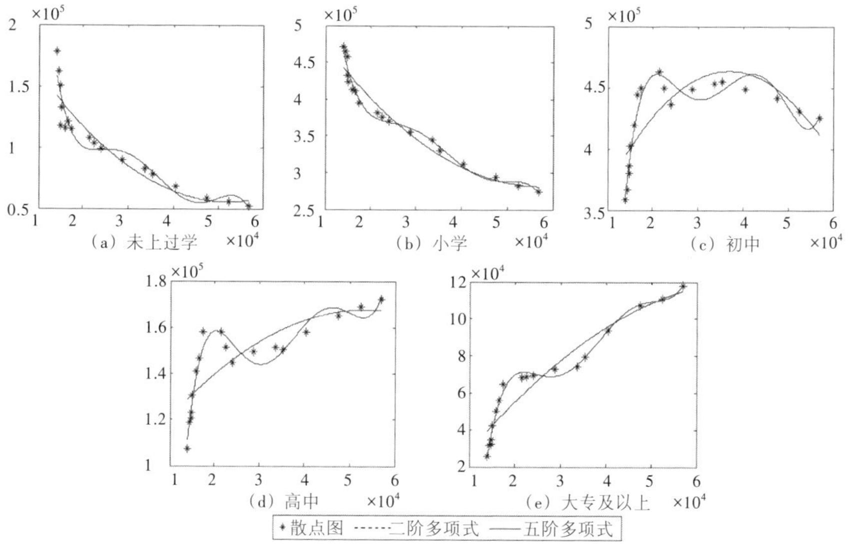

图5-12　各教育程度与第一产业产值多项式回归曲线

①未上过学人数多项式拟合

未上过学的人员在线性回归时，相关系数已经达到0.8883，拟合结果属于高度显著的负相关，但是在农业产值较低的时候，线性拟合的效果并不理想，无法真实反映这一区间两者之间的演进轨迹。因此，首先考虑利用二阶多项式对散点图进行非线性拟合，拟合的结果如下：

$$\hat{y} = 5.950 \times 10^{-5}x^2 - 6.213x + 217\,723.075 \tag{5-6}$$

在式（5-6）的拟合条件下，相关系数提高到0.9258，而估计标准误差S为1.458×10^4。可以看出，拟合精度得到一定程度的提高。

在以上拟合效果的基础上，考察将多项式阶次提高到五阶，此时利用五阶多项式对散点图进行非线性拟合，所得到的回归模型如下：

$$\hat{y} = -3.144 \times 10^{-17}x^5 + 5.819 \times 10^{-12}x^4 - 4.135 \times 10^{-7}x^3 + 0.014x^2 - 229.235x + 1\,542\,720.253 \tag{5-7}$$

式（5-7）的拟合相关系数提升到0.9601，而估计标准误差S为1.2057×10^4，可以看出阶次升高三阶之后，相关系数虽然有所提高，但是回归方程的复杂性却大大升高，因此，在实际运用中，可以根据具体的拟合精度需求，选择合适的阶次，进行多项式拟合。

②小学人数多项式拟合

具有小学教育程度的人员在线性回归时，相关系数已经高达0.9472，拟合结果属于高度显著的负相关，这一结果间接地说明线性回归对于小学学历的人员已经具有一定的拟合精度。出于比较的考虑，可以对小学学历人员进行二阶多项式回归，回归的结果如下：

$$\hat{y} = 8.432 \times 10^{-5}x^2 - 9.743x + 562\,520.0763 \tag{5-8}$$

此时，相关系数提高到0.9713，而估计标准误差S为1.5734×10^4。可以看出拟合精度得到了一定的提高，但是提高的幅度不大。

进一步，在以上拟合效果的基础上，可以对散点图进行五阶多项式非线性拟合，得到的回归模型为：

$$\hat{y} = -3.484 \times 10^{-17}x^5 + 6.526 \times 10^{-12}x^4 - 4.701 \times 10^{-7}x^3 + 0.016x^2 - 270.673x + 2\,132\,361.608 \tag{5-9}$$

式（5-9）的拟合相关系数提升到0.9905，而估计标准误差S为1.020×10^4。此时的相关系数已经基本接近于1，具有相当高的拟合精度。同样，可以根据具体的实际需求，在应用中选择合适的阶次进行任意精度的多项式拟合。

③初中人数多项式拟合

具有初中文化教育程度的人员在进行线性回归时，相关系数仅仅为0.4382，与其他教育程度的人员拟合精度相差甚远，拟合评价也为“不显著”。因此，采用多项式进行非线性拟合更具有实际应用价值。据此，可以给出二阶多项式拟合的结果如下：

$$\hat{y} = -1.307 \times 10^{-4}x^2 + 9.671x + 284\,559.681 \tag{5-10}$$

此时，相关系数提高到0.7727，而估计标准误差S为2.204×10^4。可以看出，拟合精度得到了一定的提高，拟合评价转变为“高度显著”，但是由相关系数可知，拟合精度还有待于进一步提高。因此，在以上拟合效果的基础上，可以对散点图进行五阶多项式非线性拟合，得到的回归模型为：

$$\hat{y} = 5.859 \times 10^{-17}x^5 - 1.084 \times 10^{-11}x^4 + 7.718 \times 10^{-7}x^3 - 0.026x^2 + 429.459x - 2\,222\,563.974 \tag{5-11}$$

此时，式（5-11）的拟合相关系数提升到0.9590，而估计标准误差

S为1.101×10^4。这种情况下，相关系数已经基本接近于1，具有相当高的拟合精度。同样，可以根据具体的要求，在应用中选择合适的阶次进行任意精度的多项式拟合模型。

④高中人数多项式拟合

高中文化教育程度的人员在进行线性回归时，相关系数仅仅为0.7807，拟合评价虽然为“高度显著”，但是相关系数表明拟合精度并不高，在实际应用中不能如实地反映高中学历的人员与第一产业产值的演进趋势。因此，考虑对这一学历层次的人员进行二阶多项式拟合，其回归结果如下：

$$\hat{y} = -2.446 \times 10^{-5}x^2 + 2.636x + 96\,610.905 \tag{5-12}$$

此时，相关系数提高到0.8087，而估计标准误差S为1.1544×10^4。可以看出，虽然拟合精度得到了一定的提高，但是由相关系数可知，拟合精度还有待于进一步提高。因此，在以上拟合效果的基础上，可以对散点图进行五阶多项式非线性拟合，得到的回归模型为：

$$\hat{y} = 2.912 \times 10^{-17}x^5 - 5.464 \times 10^{-12}x^4 + 3.940 \times 10^{-7}x^3 - 0.014x^2 + 221.356x - 1\,218\,498.199 \tag{5-13}$$

此时，式（5-13）的拟合相关系数跃升至0.9731，估计标准误差S为5.0578×10^3。可以看出，五阶拟合的模型拟合精度提高幅度较大，已经基本接近于1。此时，完全可以刻画高中教育程度的人员数量与农业产值之间的关系和变化规律。

⑤大专及以上人数多项式拟合

大专及以上文化教育程度的从业人员属于高等教育者，这类人群在第一产业中的分布呈现逐年上升的趋势，并且随着农业产值的增加，其所占比例迅速攀升。在线性回归中，表现出了较好的线性度，其相关系数为0.9460，同样基于比较的考虑，也可对其进行二阶多项式回归，拟合的非线性模型为：

$$\hat{y} = -2.349 \times 10^{-5}x^2 + 3.430x - 4\,356.601 \tag{5-14}$$

在这一回归方程下，相关系数提高到0.9552，而估计标准误差S为8.8451×10^3。由于本身线性回归精度已经很高，因此，相关系数提高并不多。同样在以上拟合效果的基础上，可以对散点图进行五阶多项式非线性拟合，得到的回归模型为：

$$\hat{y} = 2.078 \times 10^{-17}x^5 - 3.953 \times 10^{-12}x^4 + 2.888 \times 10^{-7}x^3 - 0.010x^2 + 167.366x - 997\,970.391 \tag{5-15}$$

此时，式（5-15）的拟合相关系数升至0.9962，估计标准误差S为2.9075×10^3。可以看出，五阶模型的拟合精度有所提高，其相关系数已经基本接近于1，在实际应用中，完全可以根据具体的精度要求而选择合适的回归模型。

2）教育结构与第二产业产值的相关性

（1）教育结构与第二产业产值的散点图

根据《中国统计年鉴》和《中国人口统计年鉴》所提供的数据，同样可以绘制如图5-13所示的关于各教育程度人数与第二产业产值之间的散点图。第二产业指传统的工业产业，主要包括制造业和建筑业两大代表性行业，这两大行业吸纳了第二产业中就业的主体部分。

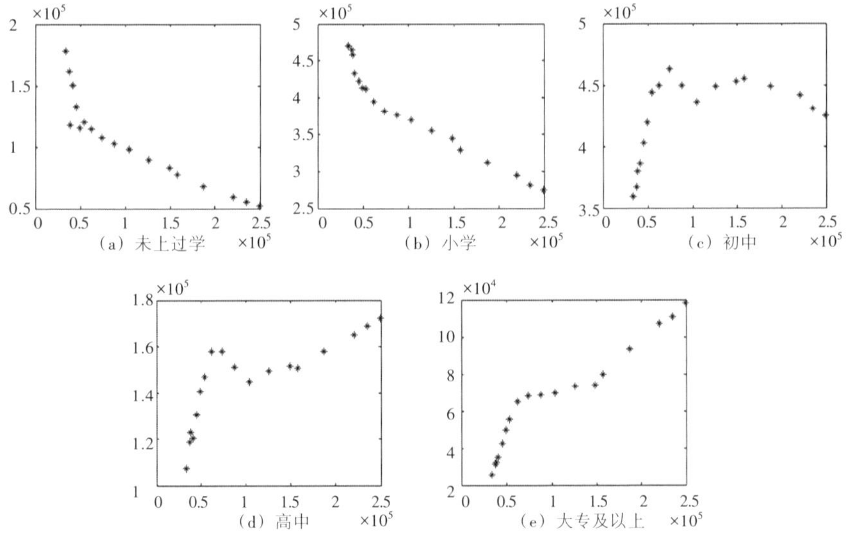

图5-13 各教育程度与第二产业产值散点图

图5-13的横坐标计量单位为10^5，说明第二产业的生产总值要明显高于第一产业，在数量上两者之间相差一个数量级。进一步，从图5-13a中可以看出，在第二产业中，当产值较小时，没有上过学的就业人数呈现快速的下降趋势，而当产值达到一定阶段，这部分学历程度低的人群数量则处于相对稳定的阶段，但总体趋势上表现为负相关，即

在工业生产中，随着产值的增加，处于文盲或半文盲状态的就业人员数量将明显减少

图5-13b反映了小学文化程度的人员在第二产业中也呈现近似的线性反比关系，即工业产值越高，具有小学学历的人员数量会表现为逐步下降的趋势。这一现象从另外一个侧面反映了中国九年义务制教育取得的成效，目前在广大偏远农村也已经基本上普及了九年的义务制教育，这使中国的人口素质得到了广泛的提高。而以工业为代表的第二产业对技术的要求要明显高于以农业为主的第一产业，因而散点图中各离散点的下降速率明显高于第一产业。

图5-13c表现的是初中学历的从业人员与第二产业的相对关系，同样，在散点图中可以看到初中文化程度的人员与第二产业产值之间的关系较为复杂，基本上无法通过线性关系进行数据的拟合，这种剧烈变化态势不具有一定的规律性。这主要是由于具有初中学历文化程度的人员数量较多，很多从业人员选择空间较大，除了通过技工学校进行简单的培训后进入工厂从事工业生产活动之外，还有相当大的一部分人员要进入服务业和从事农业劳动。因此，随着第二产业产值的增加，初中学历文化程度的人员有时表现为正相关，有时表现为负相关，随意性较大。

图5-13d和5-13e反映的是"高中"和"大专及以上"学历人员在工业产业中的分布情况。可以看出，这两种学历层次的人员对第二产业的线性相关性均较好，在产值较低的时候，"高中"和"大专及以上"学历人员数量有一定的波动，但是这种增长趋势经过一段时间的震荡后会渐趋平稳。这一结果表明，随着工业产值的增加，迫切需要高等学历的人员进入到工业部门，因此，这一部门的高等学历人员数量迅速增加。

（2）教育结构与第二产业产值的线性回归

在以上散点图的基础上对数据进行线性拟合，可以更加形象而明确地反映两组研究数据之间的相关性。因此，根据图5-13的具体散点数据，可以绘制如图5-14所示的线性回归曲线。

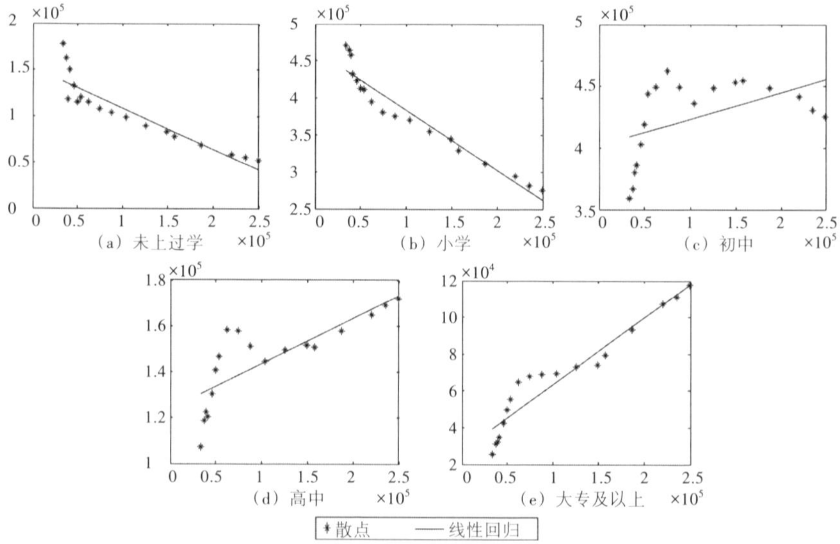

图 5-14　各教育程度与第二产业线性回归

同样，为了衡量线性回归模型对离散的散点图数据的拟合效果，可以引入相应的性能指标对拟合结果进行评估与衡量，采用前述线性回归性能指标的定义，可以将回归的结果指标列出，见表 5-12。

表5-12　**各教育程度人数与第二产业产值线性回归性能指标**

教育程度	一元线性回归方程	显著性水平	判定系数	估计标准误差S
未上过学	$\hat{y}$ = 152 970 − 0.4445x	高度显著	0.9090	1.5297×10^5
小学	$\hat{y}$ = 464 900 − 0.8092x	高度显著	0.9638	1.7092×10^4
初中	$\hat{y}$ = 402 170 + 0.2149x	不显著	0.4881	2.9343×10^4
高中	$\hat{y}$ = 123 750 + 0.1983x	高度显著	0.7969	1.1478×10^4
大专及以上	$\hat{y}$ = 27 271 + 0.3626x	高度显著	0.9563	8.4624×10^3

结合表 5-12 拟合性能指标数据，除了能清晰地反映出散点图表现的特征之外，还能够对相关性进行定量的描述。按照线性相关系数的具体数值，可以将线性拟合相关系数按从高到低的顺序进行排列，依次为：小学、大专及以上、未上过学、高中、初中。排列次序与各教育程度人员在第一产业中的相关系数排列一致。

具有小学文化程度的人员在第二产业中的线性相关系数为0.9638，且呈现负相关，相关性表现最好，说明随着第二产业经济的发展，该类文化程度的人员数量会迅速下降。这也表明第二产业生产需要的技术含量在总体上要高于第一产业，仅具有小学文化程度的人员无法满足飞速发展的大工业生产的需求。在五种学历层次的线性回归图中，回归效果最差的是初中学历的从业人员数量，相关系数仅为0.4881，显著性水平为“不显著”。完全采用线性回归这种方式进行演进趋势描述，精确度较差。大专及以上、未上过学和高中文化程度的从业人员相关系数分别为0.9563、0.9090和0.7969。这三种线性拟合的情况都体现为：在第二产业经济产值较低时，线性度较差；而产值较高时，线性度较好，只不过未上过学的人员数量为负相关，而大专及以上与高中学历人员数据表现为正相关。

（3）教育结构与第二产业产值的多项式回归

由于线性回归精度较差，不能完全精确刻画各教育结构人员数量与第二产业产值之间的关系及其演进规律，因此，需要考虑利用非线性拟合的方法对散点图进行拟合，提高回归精度。同样，可以采用多项式的非线性回归方法来对各学历人员的数据进行拟合，通过直接提高多项式阶次的方法，直接而有效地逼近任何离散型的数据节点，获得非线性回归模型。据此可以有效挖掘数据背后的信息，揭示变量之间的演变规律，深入分析数据结果，为进一步进行分析和预测奠定理论基础。通过多项式拟合，可以得到如图5-15所示的非线性回归效果图，在分析结果中，采用了二阶和五阶的多项式进行非线性回归。

①未上过学人数多项式拟合

未上过学的人员的相关系数在线性回归时已经达到0.9090，拟合结果属于高度显著的负相关，但是在第二产业产值较低的时候，线性拟合的效果并不理想，无法真实反映这一区间两者之间的演进轨迹，因此，首先考虑利用二阶多项式对散点图进行非线性拟合，其结果如下：

$$\hat{y} = 19.667 \times 10^{-6}x^2 - 0.9714x + 176\,795.973 \quad (5\text{-}16)$$

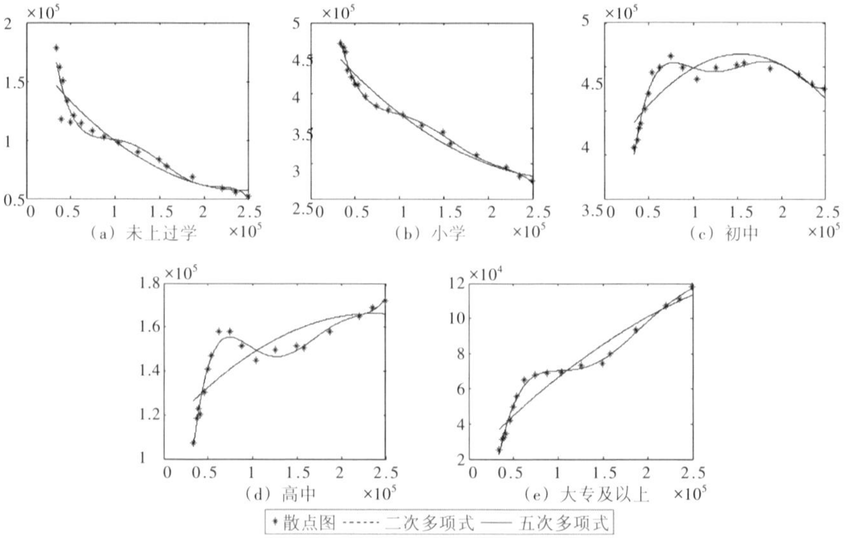

图5-15　各教育程度与第二产业产值的多项式回归曲线

在式(5-16)的拟合条件下，相关系数提高到0.9351，估计标准误差S为1.3667×10^4。可以看出，拟合精度得到了一定程度的提高。

考察将多项式阶次提高到五阶时多项式回归的拟合效果。此时对散点图进行非线性拟合所得到的回归模型为：

$$\hat{y} = -6.5404\times10^{-21}x^5 + 5.0430\times10^{-15}x^4 - 1.4694\times10^{-9}x^3 + 0.0002x^2 - 12.9791x + 426\,153.5783 \quad (5-17)$$

式(5-17)的拟合相关系数提升到0.9674，而估计标准误差S为1.0918×10^4。可以看出，阶次升高到五阶之后，相关系数已经基本接近于1，该非线性模型具有很高的回归拟合精度。

②小学人数多项式拟合

具有小学教育程度人员的相关系数在线性回归时为0.9638，拟合结果属于高度显著的负相关。这一线性拟合结果已经能够较好地反映数据量之间的关系与演变，但是出于比较的考虑，可以考虑非线性拟合对该类学历人员相关系数的提高程度，所得到的二阶多项式回归结果如下：

$$\hat{y} = 2.5615\times10^{-6}x^2 - 1.4954 + 495\,926.178 \quad (5-18)$$

此时，相关系数提高到0.9781，而估计标准误差S为1.3795×10^4，可以看出拟合精度得到了一定的提高。

在以上拟合效果的基础上，可以对散点图进行五阶多项式非线性拟合，得到的五阶非线性回归模型为：

$$\hat{y} = -6.7051 \times 10^{-21}x^5 + 5.2980 \times 10^{-15}x^4 - 1.5908 \times 10^{-9}x^3 - 0.0002x^2 - 15.4164x + 792\,899.452 \quad (5-19)$$

式（5-19）的拟合相关系数提升到0.9972，而估计标准误差S为 5.5696×10^4。可以看出，三种拟合结果相关系数都大约0.95，说明都具有很高的拟合精度，在实际应用中可以根据需要采用各自的拟合方式。

③初中人数多项式拟合

具有初中文化教育程度的人员在线性回归时相关系数仅仅为0.4881，与其他教育程度的人员拟合精度相差甚远，拟合评价也为“不显著”，因此，采用多项式进行非线性拟合更具有实际应用价值。据此，可以给出二阶多项式拟合的结果如下：

$$\hat{y} = -5.3626 \times 10^{-6}x^2 + 1.6515x + 337\,214.581 \quad (5-20)$$

此时，相关系数提高到0.8242，而估计标准误差S为 1.9664×10^4。可以看出，拟合精度提高了近一倍，拟合评价迅速转变为“高度显著”，但是由相关系数可知，拟合精度还有待于进一步提高。因此，在以上拟合效果的基础上，可以对散点图进行五阶多项式非线性拟合，得到的回归模型为：

$$\hat{y} = 1.0844 \times 10^{-20}x^5 - 8.5258 \times 10^{-15}x^4 + 2.5371 \times 10^{-9}x^3 - 0.0004x^2 + 23.2616x - 118\,286.376 \quad (5-21)$$

此时，式（5-21）的拟合相关系数提升到0.9827，而估计标准误差S为 7.1982×10^3。这种情况下，相关系数已经基本接近于1，具有相当高的拟合精度。同样，可以根据具体的实际需求，在应用中选择合适的阶次进行任意精度的多项式拟合模型。

④高中人数多项式拟合

高中文化教育程度的人员在线性回归时，相关系数仅仅为0.7969，拟合评价虽然为“高度显著”，但是相关系数表明拟合精度并不高，因此，考虑对这一学历层次的人员进行二阶和五阶多项式拟合，如图5-15d所示。其中，二阶多项式拟合回归结果如下：

$$\hat{y} = -9.6528 \times 10^{-7}x^2 + 0.4569x + 112\,059.702 \quad (5-22)$$

此时，相关系数提高到0.8245，而估计标准误差S为 1.1104×10^4。可以看出，虽然拟合精度得到了一定的提高，但是由相关系数可知，拟合精度还有待于进一步提高。因此，在以上拟合效果的基础上，可以对散点图进行五阶多项式非线性拟合，得到的回归模型为：

$$\hat{y} = 4.7552 \times 10^{-21}x^5 - 3.8397 \times 10^{-15}x^4 + 1.1795 \times 10^{-9}x^3 - 0.0002x^2 + 11.2174x - 120\,687.812 \quad (5-23)$$

此时，式（5-23）的拟合相关系数跃升至0.9878，估计标准误差S为3.4212×10^3。可以看出，五阶拟合的模型拟合精度提高幅度较大，已经基本接近于1，此时散点图中的各数据分别位于拟合曲线的两侧，说明该多项式模型完全可以刻画高中教育程度的人员数量与工业生产产值之间的关系和变化规律。

⑤大专及以上人数多项式拟合

大专及以上文化教育程度的从业人员与工业生产之间有着密切的关系，因为工业化生产目前注重于引进和吸收国外的先进技术与工艺，因此急需要大量有着高等学历的从业人员。其与第二产业产值的线性拟合度也非常好，相关系数达到了0.9563，呈现明显的正相关关系。同样出于比较的考虑，也可对其进行二阶和五阶多项式回归，如图5-15e所示。其中二阶拟合非线性模型为：

$$\hat{y} = -6.1885 \times 10^{-7}x^2 + 0.5284x + 19\,775.802 \quad (5-24)$$

在这一回归方程下，相关系数提高到0.9605，而估计标准误差S为8.3249×10^3。由于本身线性回归精度已经很高，因此，相关系数提高并不多。同样在以上拟合效果的基础上，可以对散点图进行五阶多项式非线性拟合，得到的回归模型为：

$$\hat{y} = 1.8615 \times 10^{-21}x^5 - 1.6942 \times 10^{-15}x^4 + 5.8188 \times 10^{-10}x^3 - 9.2251 \times 10^{-5}x^2 + 6.8632x - 124\,584.552 \quad (5-25)$$

此时，式（5-25）的拟合相关系数升至0.9982，估计标准误差S为1.9841×10^3。可以看出，五阶模型的拟合精度有所提高，其相关系数已经基本接近于1，在实际应用中，可以根据相应的精度要求而选择合适的回归模型。

3）教育结构与第三产业产值的相关性

（1）教育结构与第三产业产值的散点图

第三产业为以服务业为主体的产业经济体。随着中国经济的快速发展，近几年其产值迅速提升，并且很快跃升为中国经济的主体，有超越第一和第二产业经济体的趋势，因此，必须予以足够的重视。而深入了解这一产业结构中的就业结构，分析各种学历程度人员的分布情况，是制定合理有效产业政策的前提和基础。根据《中国统计年鉴》和《中国人口统计年鉴》所提供的数据，同样可以绘制如图5-16所示的关于各教育程度人数与第三产业产值之间的散点图。

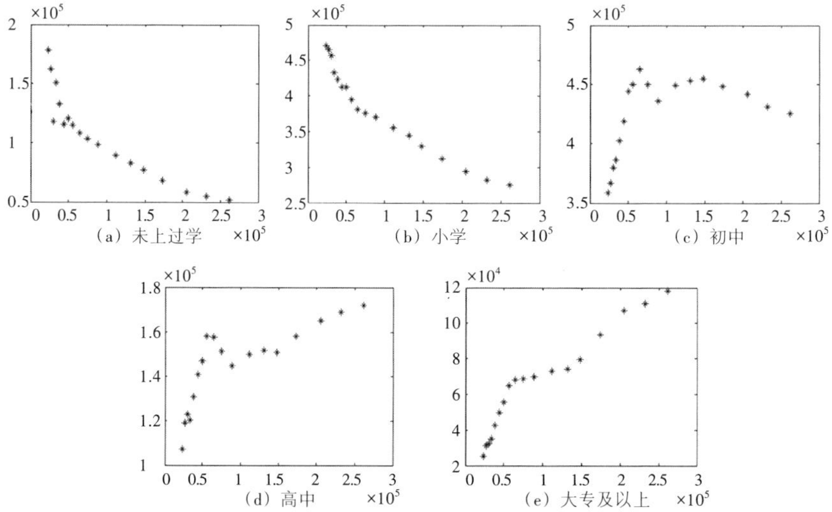

图5-16 各教育程度与第三产业产值关系散点图

从图中可以看出，整体的散点图分布和走势与第一产业和第二产业相似，但是在具体的细微之处，有很大的不同。具体体现在：未上过学的人员数量在下降的过程中，在斜率转折较大之处，数据表现得不是那么剧烈，因此，线性化的效果会更好，如图5-16a所示。小学文化程度的人员数量散点图如图5-16b所示，同样可以看出，随着第三产业的经济产值提升，在该产业中的从业人员数量分布呈现更好的非线性，说明服务业产业对低学历人员的需求也会随着经济的增长而迅速减少，服务业已经不是传统意义上的简单低层次工作行业。图5-16c描述的是“初中”学历文化程度的人员数量在农业中分布的散点图情况，也存在着震荡，其震荡程度略有所增强，具体可以通过相关系数进行定量的衡量。图5-16d和图5-16e反映的是“高中”和“大专及以上”学历人员在第三产业中的分布情况。可以看出，两者对第三产业的线性相关性也有所变化，在变化趋势上，都呈现出正相关的关系，由于以上散点图与前述图中数据分布仅有细微的差别，很难进行直观上的定性分析，因此，为了更进一步地深入衡量相关性的具体情况，可以通过引入性能指标进行衡量。

（2）教育结构与第三产业产值的线性回归

在以上散点图的基础上对数据进行线性拟合，可以更加形象而明确地反映两组研究数据之间的相关性。因此，根据图5-16的具体散点数据，可以绘制如图5-17所示的线性回归曲线。

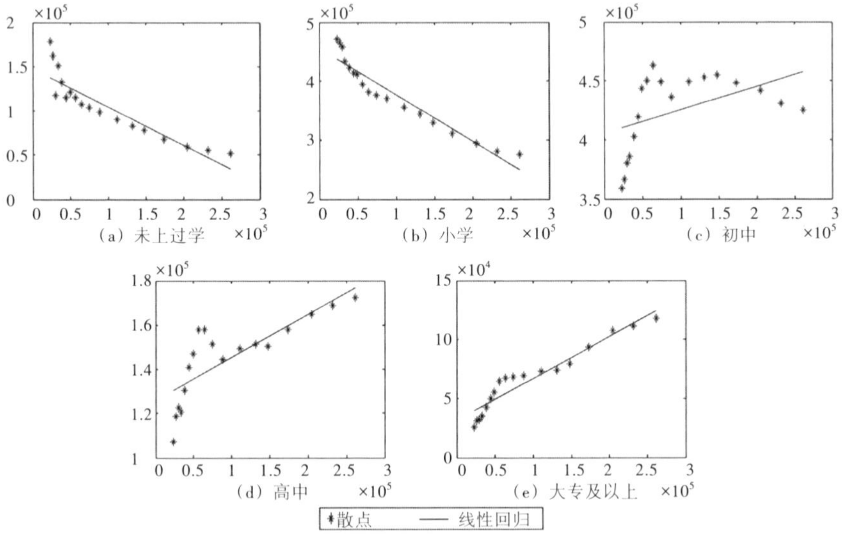

图5-17　各教育程度与第三产业产值的线性回归

为了衡量线性回归模型对离散的散点图数据的拟合效果，引入相应的性能指标对拟合结果进行评估与衡量，采用前述线性回归性能指标的定义，将回归的结果指标列出，见表5-13。

表5-13　**各教育程度人数与第三产业产值线性回归性能指标**

教育程度	一元线性回归方程	显著性水平	判定系数	估计标准误差S
未上过学	$\hat{y}$ = 147 770 − 0.4314x	高度显著	0.9012	1.6184×10^4
小学	$\hat{y}$ = 455 590 − 0.7869x	高度显著	0.9575	1.8492×10^4
初中	$\hat{y}$ = 405 530 + 0.2002x	不显著	0.4643	2.9776×10^4
高中	$\hat{y}$ = 125 840 + 0.1948x	高度显著	0.7995	1.1414×10^4
大专及以上	$\hat{y}$ = 31 235 + 0.3547x	高度显著	0.9557	8.5244×10^3

结合表5-13拟合性能指标数据，除了能清晰地反映出散点图表现的特征之外，还能够对相关性进行定量的描述。按照线性相关系数的具体数值，可以将线性拟合相关系数按从高到低的顺序进行排列，依次为：小学、大专及以上、未上过学、高中、初中。排列次序与各教育程度人员在第一产业中的相关系数排列一致，其数值分别为0.9575、0.9557、0.9012、0.7995、0.4643。

首先，具有小学文化程度的人员在第三产业中的线性相关系数为0.9575，呈现负相关关系，较高的相关系数说明随着第三产业经济的发展，该类文化程度的人员数量会迅速下降。这也表明第三产业生产需要的技术含量在总体上要高于第一产业和第二产业。在五种学历层次的线性回归图中，回归效果最差的仍然是初中学历的从业人员数量，相关系数仅为0.4643，显著性水平为“不显著”。这说明相对于这一学历程度的人员在第二产业中的分布，显著性水平变得更差。此外，大专及以上、未上过学和高中文化程度的从业人员相关系数分别为0.9557、0.9012和0.7995，相对于第二产业而言，大专及以上与未上过学文化程度的人员，相关系数是降低的，而高中文化程度的就业人员，相关系数表现为略有所增加。总而言之，上述数据虽然有升有降，但是变化的幅度都不显著。

（3）教育结构与第三产业的多项式回归

在以上分析的基础上，同样考虑采用多项式对数据进行非线性拟合，通过逐次提高多项式的阶次提高线性回归的精度，在分析中采用二阶和五阶的多项式进行非线性回归，具体的拟合曲线如图5-18所示。具体结果分析如下：

①未上过学人数多项式拟合

未上过学的人员在线性回归时，相关系数为0.9012，具有很好的负相关性，当采用二阶和五阶多项式进行拟合时，结果如图5-18a所示。其中，二阶多项式的回归模型如下：

$$\hat{y} = 2.1527 \times 10^{-6}x^2 - 0.9981x + 171\,239.055 \quad (5\text{-}26)$$

在式（5-26）的拟合条件下，相关系数提高到0.9438，而估计标准误差S为1.2742×10^4。可以看出，拟合精度得到了一定程度的提高。

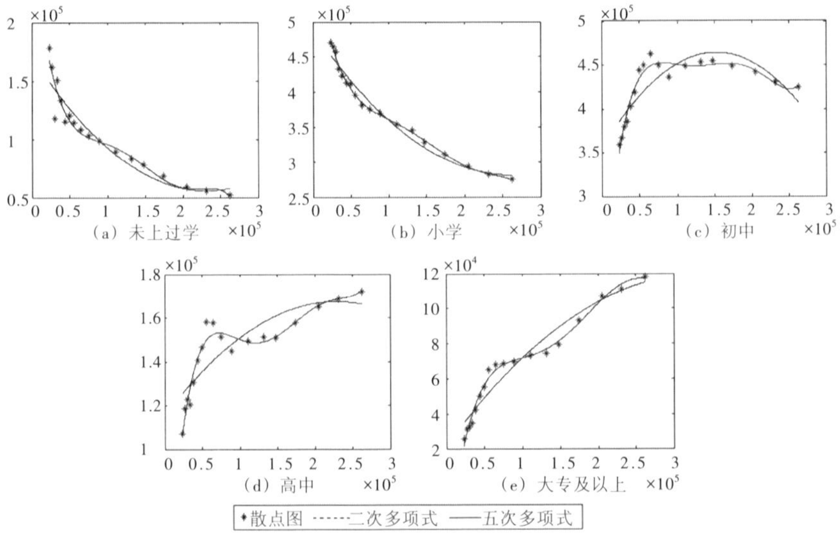

图5-18 各教育程度与第三产业产值多项式回归

在以上拟合效果的基础上，考察将多项式阶次提高到五阶，利用五阶多项式对散点图进行非线性拟合，所得到的回归模型为：

$$\hat{y} = -3.4683 \times 10^{-21}x^5 + 2.0722 \times 10^{-15}x^4 - 7.8738 \times 10^{-10}x^3 + 0.0001x^2 - 7.0011x + 282\,238.571 \tag{5-27}$$

式（5-27）的拟合相关系数提升到0.9715，而估计标准误差S为1.0217×10^4。可以看出，阶次升高三阶之后，相关系数虽然有所提高，但是幅度不大，然而此时回归方程的复杂性却大大升高，因此，在实际运用中，可以根据具体的拟合精度需求，选择合适的阶次进行多项式拟合。

②小学人数多项式拟合

具有小学教育程度的人员在线性回归时，相关系数已经高达0.9575，拟合结果属于高度显著的负相关。这一结果间接地说明线性回归对于小学学历的人员已经具有一定的拟合精度。同样对小学学历人员进行二阶和五阶多项式回归，如图5-18b所示。其中，二阶的回归模型如下：

$$\hat{y} = 2.9951 \times 10^{-6}x^2 - 1.5754x + 488\,243.092 \tag{5-28}$$

此时，相关系数提高到0.9841，而估计标准误差S为1.1758×10^4。可以看出，拟合精度得到了一定的提高，但是提高的幅度不大。

在以上拟合效果的基础上，可以对散点图进行五阶多项式非线性拟合，得到的回归模型为：

$$\hat{y} = -2.6807 \times 10^{-21}x^5 + 2.2393 \times 10^{-15}x^4 - 7.0270 \times 10^{-10}x^3 + 0.0001x^2 - 7.7291x + 607\,366.365 \quad (5-29)$$

式（5-29）的拟合相关系数提升到0.9980，而估计标准误差S为4.6443×10^4。此时的相关系数已经基本接近于1，具有相当高的拟合精度。同样，可以根据具体的实际需求，在应用中选择合适的阶次进行任意精度的多项式拟合。

③初中人数多项式拟合

在线性回归时，具有初中文化教育程度的人员相关系数仅仅为0.4643，与其他教育程度的人员拟合精度相差甚远，拟合评价也为“不显著”。因此，采用多项式进行非线性拟合更具有实际应用价值。据此，可以给出二阶多项式拟合的结果如下：

$$\hat{y} = -4.7272 \times 10^{-6}x^2 + 1.4446x + 353\,992.405 \quad (5-30)$$

此时，相关系数提高到0.8268，而估计标准误差S为1.9533×10^4。可以看出，拟合精度得到了一定的提高，拟合评价转变为“高度显著”，但是由相关系数可知，拟合精度还有待于进一步提高。在以上拟合效果的基础上，可以对散点图进行五阶多项式非线性拟合，得到的回归模型为：

$$\hat{y} = 5.5238 \times 10^{-21}x^5 - 4.3255 \times 10^{-15}x^4 + 1.2814 \times 10^{-9}x^3 - 0.0002x^2 + 11.8649x + 155\,202.439 \quad (5-31)$$

式（5-31）的拟合相关系数提升到0.9739，而估计标准误差S为8.8080×10^3。这种情况下，相关系数已经基本接近于1，具有相当高的拟合精度。同样，可以根据具体的实际需求，在应用中选择合适的阶次进行任意精度的多项式拟合模型。

④高中人数多项式拟合

在线性回归时，高中文化教育程度的人员的相关系数为0.7995，拟合评价虽然为“高度显著”，但是相关系数表明拟合精度并不高，在实际应用中不能如实地反映高中学历的人员与第三产业的演进趋势，因此，考虑对这一学历层次的人员进行二阶和五阶多项式拟合，如图

5-18d所示。二阶多项式回归模型如下：

$$\hat{y} = -9.9738 \times 10^{-7}x^2 + 0.4573x + 114\,971.249 \quad (5-32)$$

此时，相关系数提高到0.8393，而估计标准误差S为1.0670×10^4。可以看出，虽然拟合精度得到了一定的提高，但是由相关系数可知，拟合精度还有待于进一步提高。因此，在以上拟合效果的基础上，可以对散点图进行五阶多项式非线性拟合，得到的回归模型为：

$$\hat{y} = 2.3077 \times 10^{-21}x^5 - 1.9410 \times 10^{-15}x^4 + 6.1309 \times 10^{-10}x^3 - 8.8983 \times 10^{-5}x^2 + 5.8828x + 9\,631.751 \quad (5-33)$$

此时，式（5-33）的拟合相关系数跃升至0.9771，估计标准误差S为4.6729×10^3。可以看出，五阶拟合的模型拟合精度提高幅度较大，已经基本接近于1。此时完全可以刻画高中教育程度的人员数量与服务业产值之间的关系和变化规律。

⑤大专及以上人数多项式拟合

大专及以上文化教育程度的从业人员在第三产业中的分布呈现逐年上升的趋势，并且随着产值的增加，所占比例迅速上升。在线性回归中，其相关系数为0.9557，同样出于比较的考虑，也可对其进行二阶多项式回归，拟合的非线性模型为：

$$\hat{y} = -8.8242 \times 10^{-7}x^2 + 0.5870x + 21\,615.964 \quad (5-34)$$

在这一回归方程下，相关系数提高到0.9671，而估计标准误差S为7.6059×10^3，由于本身线性回归精度已经很高，因此，相关系数提高并不多。同样在以上拟合效果的基础上，可以对散点图进行五阶多项式非线性拟合，得到的回归模型为：

$$\hat{y} = 8.8350 \times 10^{-22}x^5 - 8.7863 \times 10^{-16}x^4 + 3.1647 \times 10^{-10}x^3 - 5.0983 \times 10^{-5}x^2 + 3.8924x - 45\,114.811 \quad (5-35)$$

此时，式（5-35）的拟合相关系数升至0.9953，估计标准误差S为3.2539×10^3。可以看出，五阶拟合的模型拟合精度有所提高，其相关系数已经基本接近于1，在实际应用中，完全可以根据具体的精度要求而选择合适的回归模型。

4）产业结构与教育结构的多元线性回归

上述分析的是以第一、二、三产业产值为横坐标，以各种学历程度人员数量为纵坐标的各散点图分析和回归，反映的是两两变量之间的相互关系及演进趋势，而在实际的情况下，三次产业的产值应该同时受到“未上过学”、“小学”、“初中”、“高中”和“大专及以上”五种学历层次人员数量的综合影响，即该问题应当属于因变量y受多个自变量x_i（i=1，…，m-1）的作用，属于多重回归或复回归问题。因此，本节将针对三次产业结构与教育结构，深入探讨多元回归问题。在研究中将深入探讨最小二乘估计、误差方差等内容，同时，分析各影响因素的主次排序，具体的基本原理和方法在第3章已有介绍，此处不再赘述。

（1）教育结构与第一产业产值的多元线性回归

第一产业数据是以产值给出的，就业人员数量则是以人员数量给出的，这两个变量之间量纲不同，但是存在着一定的关系，而本书研究的正是两者之间的数据上的联系。如果将第一产业产值定义为y_1，将拥有“未上过学”、“小学”、“初中”、“高中”和“大专及以上”五种学历程度的就业人群定义为自变量x_1，x_2，x_3，x_4，x_5，多元线性回归就是寻找适当的拟合公式，经过多组数据训练之后可以得到教育程度人数与第一产业产值的多元线性回归模型如下：

$$y_1 = 139\,250 - 0.0436x_1 - 0.1301x_2 - 0.1365x_3 - 0.1626x_4 + 0.3456x_5 \qquad (5\text{-}36)$$

应用式（5-36）可以近似反映各教育程度的从业人员与第一产业产值之间的关系，揭示多个变量之间的变化规律特征，也能部分地掌握变量之间的耦合特征，同时，为了更好地研究多元线性回归的性能指标，可以采用前述关于多元线性回归的理论，对各性能指标进行计算，以衡量多元拟合的回归效果，对结果进行评价，具体指标见表5-14。

表5-14 **各教育程度人数在第一产业产值的多元线性回归性能指标**

教育程度	离差平方和	F值	显著性水平	P_j值
未上过学	3.0775×10^6	0.6940	不显著	0.1114
小学	1.0839×10^7	2.4441	不显著	0.5706
初中	3.5653×10^7	8.0395	显著	0.3139
高中	3.4682×10^6	0.7821	不显著	0.2114
大专及以上	1.0286×10^7	2.3193	不显著	0.6846

经过一系列的计算可以获得上述各数据，其中，F值主要用于确定回归的显著性水平，也可进一步反映出各学历程度的人员对第一产业产

值的总影响比例。此外，经过计算还可以确定多元线性回归方程的相关系数为r=0.9922，而反映回归精度的剩余标准差$S=2.1059\times10^{3}$。说明针对第一产业的多元回归结果较好，相关系数已经能够接近于1。需要强调的是，在五种学历程度的人员中，初中学历教育程度人员显著性水平表现为“显著”，而其余的四种教育程度人员表现为“不显著”。这样的结果说明，波动变化较大的“初中”学历人员在显著性水平上更占有优势，但是这也不能说明该数据重要性较大，衡量影响因素排序的直接指标为P_j值，该数据的大小排序为：$P_5 > P_2 > P_3 > P_4 > P_1$。该数值反映出大专及以上学历的人员数量对第一产业产值的影响最为重要，其次为小学、初中和高中，而影响最不明显的为未上过学的从业人员数量。

（2）教育结构与第二产业产值的多元线性回归

同样可以对第二产业中就业人员的数据进行多元线性回归，第二产业是以工业为主体的产业经济形式，因此，在具体经济运行规律上会表现出与其他产业形式不同的特征。而从业者的学历程度对其影响将更加鲜明，因此，对第二产业规律的掌握会更有意义。定义第二产业的产值为变量y_2，同样将拥有“未上过学”、“小学”、“初中”、“高中”和“大专及以上”五种学历程度的就业人员数量定义为自变量x_1，x_2，x_3，x_4，x_5，则采用前述多元线性回归理论可以得到各教育程度人数与第二产业就业人数的多元线性回归模型如下：

$$y_2 = 615170 - 0.3279x_1 - 0.5724x_2 - 0.3326x_3 - 1.8194x_4 + 2.2423x_5 \quad (5\text{-}37)$$

式（5-37）所建立的多元线性回归模型中，含有一项数值较大的常数项，同时x_1，x_2，x_3，x_4的增益系数均为负数，只有大专及以上学历人员的变量x_5的增益系数为正，多元线性回归的各性能指标见表5-15。

表5-15　**各教育程度人数在第二产业中的多元线性回归性能指标**

教育程度	离差平方和	F值	显著性水平	P_j值
未上过学	1.7410×10^{8}	2.1778	不显著	0.1603
小学	2.0982×10^{8}	2.6247	不显著	0.4806
初中	2.1185×10^{8}	2.6500	不显著	0.1465
高中	4.3426×10^{8}	5.4322	显著	0.4528
大专及以上	4.3293×10^{8}	5.4156	显著	0.8502

此外，经过计算可以确定式（5-32）所示的多元线性回归方程的相关系数r=0.9948，而反映回归精度的估计标准误差$S=8.9410\times10^{3}$。在多元回归中，由于相关系数已经基本接近于1，所以拟合精度相当高。但从显著性水平来看，未上过学、小学与初中学历程度的从业人员为“不显著”，而高中与大专及以上学历的人员为“显著”。根据性能指标所提供的P_j值，可以进行影响因素的主次排序，排列的主次序列可以给出为：$P_5 > P_2 > P_4 > P_1 > P_3$。可以看出，大专及以上学历的人员，即高等学历的受教育者对第二产业产值的影响最为重要，说明该产业能够吸纳众多的受过高等教育的知识分子，因为大专及以上学历的人员数据前面的系数为正，属于正相关。而排名第二的是小学学历的受教育者，这个结果并不是说明小学学历人员在第二产业从业人员中所占比例大，而是说明小学学历的人员在工业生产从业人员中下降得非常明显，因为该学历人员数据属于负相关。排名第三的是高中学历的人员变量，该类学历人员也为负相关，即在多元线性回归结果中，该类教育程度人员数量增加会导致第二产业产值的减少，两者之间呈现负相关关系。未上过学的人员与第二产业产值也呈现负相关关系，这部分人员数量上的变动对工业生产产值的变动影响不大，其P_j值仅为0.1603。而P_j值最小的为初中学历教育程度的人员，仅为0.1465。这样的数据说明，第二产业产值对低层次的教育程度者不敏感，即未上过学和初中学历人员数量上的变动会导致第二产业产值的减少，但是影响不大。

（3）教育结构与第三产业产值的多元线性回归

第三产业为服务业产业，近几年该产业得到了飞速、蓬勃的发展，其产值扩大潜力很大，已经渐渐超过第一产业及第二产业的产值。第三产业从业人员中，既有从农村来到城市的外来务工人员，又有从事金融、房地产等行业的受高等教育者。因此，这一产业的就业人员组成十分复杂，深入分析这一产业的教育程度分布特征，能够很好地掌握第三产业的发展规律，为相关产业政策制定和规范提供指导性意见。

以第三产业的产值为变量y_3，将拥有“未上过学”、“小学”、“初中”、“高中”和“大专及以上”五种学历程度的就业人员数量定义为自变量x_1，x_2，x_3，x_4，x_5，则采用前述多元线性回归理论可以得到各教育程度人数与第三产业就业人数的多元线性回归模型如下：

$$y_2 = 615170 - 0.3279x_1 - 0.5724x_2 - 0.3326x_3 - 1.8194x_4 + 2.2423x_5 \quad (5\text{-}38)$$

式（5-38）所表现的特征与前述多元回归结果有较大程度的相似，即 x_1，x_2，x_3，x_4的增益系数均为负数，只有大专及以上学历的人员的变量 x_5的增益系数为正。为了进一步衡量各变量的具体影响程度和多元回归的拟合精度，可以将回归性能指标计算出来，其结果见表5-16。

表5-16　**各教育程度人数在第三产业中的多元线性回归性能指标**

教育程度	离差平方和	F值	显著性水平	P_j值
未上过学	8.5022×10^7	0.9546	不显著	0.1097
小学	4.0886×10^8	4.5907	不显著	0.6567
初中	1.0213×10^9	11.4673	高度显著	0.3148
高中	3.4609×10^7	0.3886	不显著	0.1251
大专及以上	1.7631×10^8	1.9796	不显著	0.5311

此外，经过计算可以确定式（5-38）所示的多元线性回归方程的相关系数 r=0.9945，而反映回归精度的估计标准误差 $S=9.4373\times10^3$。在多元回归中，由于相关系数已经基本接近于1，所以拟合精度相当高。但从显著性水平来看，仅初中学历的人员变量表现为“高度显著”，其余变量均为“不显著”。另外，根据 P_j值，可以进行影响因素的主次排序，按照表5-16中的 P_j值数据，可以把五种教育程度的人员按照重要性程度依次排序为：$P_2 > P_5 > P_3 > P_4 > P_1$。在第三产业的构成中，服务业产值对小学学历的人员的变化最为敏感，其人数的微小变动都会引起相对较大的第三产业产值变化。其次是大专及以上教育程度人员的变量数据，对服务业产值影响较大，其 P_j的数值为0.5311，并且呈负相关关系。初中文化程度的从业人员对第三产业影响排名第三，P_j的数值为0.3148。但是也应注意到，初中学历程度的人员数量与服务业的产值表现为高度相关，就这一点而言，显著性水平与变量对总量的影响程度的关联性没有必然的联系。排名第四的为高中教育程度的人员，其 P_j值迅速降到0.1251，排名最后的是未上过学文化程度人员，P_j值为0.1097。

以上两种教育程度的人员变量都与第三产业产值呈现负相关关系，即高中和未上过学文化程度人员的增加会引起第三产业产值的下降，但是这种下降程度对总产值的影响不大，因为相关系数的绝对值均维持在0.1左右。

5.3.3 教育改革推动产业结构升级的政策

1）教育结构要与产业结构高级化目标相适应

教育结构的调整要以就业为导向，与就业结构的需求实现协调一致，而就业结构的变化又受产业结构的变化影响，因而教育结构归根到底是由产业结构所决定的，教育结构的变化应当与产业结构的调整相适应。产业结构是由生产力发展水平所决定的，与经济发展阶段相联系。改革开放以来，中国的产业结构发生了很大变化，目前的产业结构呈现“三二一”格局，产业结构高级化的结构效益正在发挥作用，但相比之下，第三产业产值比重仍然偏低，而且第三产业内部结构水平仍然不高。根据产业结构现状及升级目标，相应地增加第三产业产值及比重。从研究结果看，“小学”和“大专及以上”受教育程度人数与第三产业产值的相关系数较高，表现为高度显著，对第三产业产值最为敏感，其人数微小的变动都会引起相对较大的第三产业产值变化，因此，应当重视这两类人群的数量变化。但是“小学”教育程度人数与第三产业产值呈负相关，“大专及以上”教育程度人数与第三产业产值正相关，要提高第三产业产值就要增加培养“大专及以上”教育程度人数。高等教育机构是培养高学历人才的主渠道，要重视高等教育机构的发展，为实现产业结构高级化目标提供源源不断的人才动力。

2）加强教育与“产学研”模式相结合

教育，尤其是高等教育与“产学研”结合发展是科教兴国和全面可持续发展战略的重要内容。“大专及以上”学历人数与三次产业产值都表现出高度相关性，而且显著性水平最高，表明其在产业发展中的重要地位。“大专及以上”人群主要由高校和科研机构等来培养。这些机构通过发挥各自的优势在经济社会中的相互交流中寻求与某些领域的合作，通过技术创新等方式，产生了大于各自潜能总和的社会效应和经济效应。技术创新的目的是实现企业技术创新升级、科技成果转化及市场开发、科研项目合作与交流等，这也是实现经济发展、产业结构优化的必然要求。这就要求高校等科研机构在专业设置和学科建设上以市场为导向，建立与高新技术企业的联系与合作，加强高等教育的“产学研”模式，体现大学的社会价值。

3）职业教育与产业结构调整对接

一个地区职业教育的发展规模、速度以及布局必须与该地区的产业结构，特别是该地区支柱产业对技能型人才的需求相适应，发挥职业教育为地方经济服务的功能。研究结果表明，“初中”和“高中”学历人数与三次产业产值的线性相关性均较差，通过多项式拟合后精度提高有限，而在教育结构构成中，“初中”和“高中”教育除包括普通中学外，还包括职业中学、各类中等专业学校、职业高中、成人高中以及技工类学校等。因此，要改革职业教育的人才培养模式，优化专业结构。根据区域产业结构特点，推进专业结构调整，根据产业背景，在调查研究的基础上论证地区对人才需求的预测。同时，要加强校企合作办学机制，定期公布技术人才需求信息，解决职业学校与地方经济建设信息不对称的问题。更重要的是，要增加职业教育投资力度，提高职业教育经费拨款的比例。充足的办学经费有利于提高职业教育办学质量，加快人力资本积累，进而推进技术吸收与进步，加快产业结构调整与升级。

5.4 本章小结

在教育的背景下，研究其与就业结构和产业结构的发展、演进规律，具有重要的研究价值和实践意义。在实际的经济调控之中，可以根据当时当地的具体经济发展情况，通过适当增减教育结构中相关学历层次人员的培养规模，进而影响就业结构的内部构成，影响各学历层次人员在不同产业结构中的分配比例，形成对就业结构与产业结构的调控。因此，本章主要从这一目的和意义出发，通过研究教育与就业结构、教育与产业结构之间的相关性并建立回归模型，掌握各数据之间的变化和演进规律，为进一步实现经济调控目标提供理论和技术支撑。

第一，在教育结构划分的基础上，利用线性回归以及多项式非线性回归的相关理论，建立了不同精度需求下的教育程度随年度时间序列人员数量的演进模型，对演进规律进行了分析和总结，进而利用该模型对未来年度各教育程度人员数量变化进行预测。从1996—2013年的18年各类教育结构从业人员数量的趋势来看，“未上过学”和“小学”学历的从业人员数量呈现逐年迅速下降的趋势，而“初中”、“高中”和“大专及以上”学历程度的人员数量呈逐年上升的趋势。尤其是“大专及以上”人员的数量，在过去18年间呈现迅速上升的趋势。这也反映了中国近年在国民教育上的投入，包括大力推行九年义务制教育和连续不断地实施高等教育扩招计划有关，而教育制定上的这些调整与规划，也影响到中国的就业结构和产业结构。此外，研究的数据结构表明，初中学历和高中学历的从业人员尽管在总体上随年度呈现正相关的关系，但是其相关性非常差，在实际制定政策时，需要着重根据这部分人员的流动特点，增设相关的培训，比如在广东的沿海地区，出现的“大学生就业难”和“用工荒”并存的现象，就是一种典型的教育结构与当地的就业结构和产业结构不匹配所造成的社会经济问题。此时，应当着重依据初中和高中学历程度人员，考虑当地经济结构特点，增加机械制造、建筑施工等方面的技校类学校或培训，使得技术工人的数量增加。同时，适当减少高校比例，控制引进高等教育类人才的数量，使得能够从事第二产业的技术工人数量增加，大专及以上人员数量减少，形成与当地经济特点相匹配的教育结构。

第二，为明确教育与就业结构之间的关系，建立了教育结构与各次产业就业人员数据的散点图。通过相关性分析和多项式非线性拟合的方法，提出了教育-就业结构的变化趋势模型，进而揭示了教育-就业结构的演进规律。采用多元线性回归理论，建立了以各次产业就业人员数量为因变量，以五种教育程度人员数量为自变量的多元线性回归模型，并且依据标准化回归系数理论，对各次产业就业结构中“未上过学”、“小学”、“初中”、“高中”和“大专及以上”教育程度人员的重要性进行排序，所得到的结构能够为进一步的理论研究与实际的政策评估提供借鉴。从研究结果来看，“未上过学”和“小学”学历的从业人员与第一产业就业人数具有正相关关系，而与第二产业就业和第三产业就业呈现负相关关系。“初中”、“高中”和“大专及以上”教育程度人员数量则刚好相反，与第一产业就业具有负相关关系，而与第二产业就业及第三产业就业呈现正相关关系。这一特征表明了学历层次在就业结构中的分布特征，要调整就业结构的组成，则需要针对不同的教育程度人群作出不同的调整政策。此外，研究结果还表明，“初中”和“高中”学历的人群在就业结构中的分布规律性最差。这也反映了该类教育程度的从业人员在就业的选择上具有较大的随意性。在制定具体政策时，可以针对当地经济特点，着重对这一部分人员的就业进行有针对性的指导，对其就业取向进行引导。如果当地以工业为主体的第二产业为主，则应当增设面向职业教育的职业初高中、成人初高中，以及普通中专、成人中专和技工类学校。这样能够为企业和工厂提供足够的技术类从业人员，避免造成“用工荒”等社会经济问题。另外，各次就业结构中的多元线性回归以及重要性排序，也为就业结构人员调整提供必要的理论和实践指导。

第三，在绘制第一、二、三产业产值与五种教育层析数据之间散点图的基础上，对数据分布特征进行深入分析，掌握1996—2013年18年间各种数据间的变化规律，建立教育-产业结构的多元线性回归模型。由于产业结构受五种教育层次的综合制约，因此，应用多元线性回归理论，研究“未上过学”、“小学”、“初中”、“高中”和“大专及以上”五种教育程度从业人员数量对产业结构的影响程度。通过引入显著性水平、离差平方和等指标对多元回归精度进行评价。在上述研究的基础上，通过标准差系数的概念对各次产业结构中五种学历人员变量按重要性程度进行排序。研究结果表明，“未上过学”与“小学”学历层次从业人员与第一产业产值呈现正相关的关系，而与第二、第三产业的产值呈现负相关的关系，说明以农业为主体的第一产业是吸纳低层次学历从业人员的主要经济体。与此相对应，“初中”、“高中”及“大专及以上”学历层次的人员在第一产业中呈现负相关的关系，而在第二产业和第三产业中却呈现正相关的关系。从这一结果可以看出，如果当地从业人员以低学历层次人员为主，则应当考虑发展以农业为主体的第一产业经济，扩大在这一产业中的就业人数，而如果想要着力发展第二和第三产业经济，则应当增加人才引进力度，大力发展当地技术培训类学校和机构，改变从业人员学历组成结构，形成与当地产业结构相适应的教育结构。此外，依据重要程度将教育结构在三次产业结构中进行排序，也为具体的实际经济调控奠定基础。例如，当地要想大力发展第三产业经济，依据所研究的结果，“小学”和“大专及以上”学历的从业人员数量对第三产业最为敏感，其人数的微小变动都会引起相对较大的第三产业产值变化。所以，应当重视这两类人员的数量变化，着力引进从第一产业中转移出来的外来务工人员和大学毕业生，是当地经济政策制定者所应当考虑的首要举措。

6 结论与展望

本书采用文献综述、理论分析与实证分析等研究手段和方法，针对产业结构和就业结构之间存在经常发生不匹配、不协调的具体问题，阐明了产业结构、就业结构以及两者之间的相关性和演进规律。利用径向基神经网络理论对产业结构和就业结构进行了预测。同时，基于从业人员的受教育程度视角，探讨了教育对产业结构和就业结构的关联性及推动作用机理，为未来的政策制定提供建议与参考。

6.1 研究结论

本书在揭示产业结构与就业结构的相互作用机制和演进规律的基础上，采用理论分析和实证研究相结合的方法，对产业结构和就业结构，以及就业结构中从业人员的受教育程度进行了深入细致的研究。通过以上的分析与探讨，可以得到以下主要的结论。

（1）建立了产业结构和就业结构的回归模型，阐明了两者间的相互作用机制，揭示了其演进变化规律，由此得到以下几点结论：

第一，就业结构随年度变化的演进过程中有滞后于产业结构变化的趋势。结合预测数据可知，就业结构会在2015年呈现“三二一”的格局，而产业结构在2013年已发生这一转变，最终二者之间将具有趋同效应。第二，以农业为主的第一产业的产值变化波动较大，即以农业为主的经济形式在中国经济发展过程中出现了较大幅度的波动，线性相关性较差。相对而言，以服务业为主的第三产业波动较小，数据变化最为平滑，线性相关性较好。这反映了中国服务业经济在近年的发展中平稳快速增长的趋势特点。从多项式的回归模型来看，近18年来中国的产业产值回归模型较改革开放以来的36年的回归模型复杂性大幅度减小，说明三次产业产值在近几年更加符合经济发展规律，产值变化的规律性更强。在实际的应用中，可以依据不同精度的多项式回归模型，对未来按此产业产值进行预测。第三，相对于产业结构的数据而言，就业结构的相关性更差，尤其以农业为主体的第一产业中，从业人员的数量变化最为剧烈，尤其是在1990年和2004年前后，数据具有较大幅度的波动，而在同一时间段第二产业和第三产业的就业人数也发生了较大幅度的变化，但在总体趋势上，近几年农业人口数量大幅度下降，而第二产业和第三产业的从业人员数量逐年稳定上升，第三产业将成为吸纳劳动力的主要渠道。第四，在经济增长的背景下，需要适当控制第一产业的从业人员数量，适当增加第二、三产业的从业人员数量，才能与经济发展模式相适应，而所提出的具有不同精度的多项式回归曲线为经济预测和调整提供了理论支撑和指导。第五，对相对劳动生产率的分析得出的结论为第二产业的相对劳动生产率最高，第三产业次之，第一产业最低且一直在低水平徘徊。由于中国的劳动力市场不具有充分的流动性，产业的进入和退出存在行政壁垒，因此，趋同的过程是漫长的。对结构偏离度的分析表明，第一产业将继续发挥劳动力蓄水池的作用，第二产业是偏离度最大的产业，从第一产业流出的劳动力有越过第二产业直接向第三产业转移的趋势。第三产业偏离度数值最小，表明该产业的就业结构与产业结构正在向均衡状态发展，但同时也说明，第三产业吸纳劳动力就业的能力越来越小，吸纳空间越来越有限。

（2）提出了考虑耦合效应的基于径向基神经网络理论的产业结构与

就业结构预测方法，结论如下：

第一，以就业结构作为驱动因素后，三次产业产值在未来的几年变化都表现为稳定的递增趋势。其中，第三产业产值会在2015年有大幅度的增加，3年间，第三产业产值增加最多。就产业结构而言，2014—2016年，第一产业比重持续迅速下降，第二产业比重缓慢下降，工业化趋势减弱，第三产业比重持续上升，保持主导地位不变，产业结构从2013年开始演变为“三二一”格局，未来几年产业结构都将继续保持高级化趋势发展格局。第二，三次产业就业人数在未来的几年变化较为明显。其中，第一产业就业人数逐渐下降，第二产业就业人数变化不大，第三产业就业人数稳中上升。第三产业仍然是吸纳劳动力最多的产业，而第二产业就业人数在2015年将超过第一产业，成为第二大就业产业。从就业结构来看，第一产业就业比重缓慢下降，第二产业就业比重稳中略降，第三产业就业比重持续上升。在未来一段时期内，第三产业仍是吸纳劳动力的主渠道。从2015年起，就业结构转变为“三二一”格局，并与产业结构呈现一致化的高级化发展格局。

（3）建立了产业结构及就业结构与教育的关联性，提出了教育改革对就业结构优化和产业结构升级的政策，得到的结论如下：

第一，中国的九年义务教育制度在1996—2013年这一时间段发挥了十分重要的作用，全国从业人员的教育文化程度在总体上得到了空前的提高，基本上消除了文盲和半文盲状态的人员，高中和大专及以上文化程度的从业人员数量在近几年得到了稳步的提升，尤其是大专及以上的高等教育人员数量增长的速度更快、更为显著。这符合中国教育发展的规律和演进趋势。第二，“未上过学”、“小学”以及“大专及以上”学历人数与三次产业就业人数相关关系均为高度相关，“高中”学历人数仅与第三产业就业人数高度相关，而“初中”学历人数与三次产业就业人数均为低度或显著相关。对第一产业就业人数影响的重要程度排序依次是：“大专及以上”、“高中”、“未上过学”、“小学”和“初中”。对第二产业就业人数影响程度排序是：“高中”、“大专及以上”、“未上过学”、“小学和初中”。对第三产业就业人数影响重要程度排序是：“大专及以上”、“高中”、“小学”、“初中”和“未上过学”。第三，产业结构与“未上过学”、“小学”两种教育程度人员数量之间呈现近似线性负相关关系，而与“高中”和“大专及以上”学历程度人员数量之间呈现近似线性正相关关系，与“初中”学历人员之间相关性较差。影响第一产业产值的教育程度按重要程度排序依次为：“大专及以上”、“小学”、“初中”、“高中”和“未上过学”。影响第二产业产值的教育程度按重要程度排序依次为：“大专及以上”、“小学”、“高中”、“未上过学”和“初中”。影响第三产业产值的教育程度按重要程度排序依次为：“小学”、“大专及以上”、“初中”、“高中”和“未上过学”。

6.2 研究的不足与展望

本书对就业结构与产业结构，以及二者与教育之间的相关性和演进规律进行了深入研究，但是本书还存在一些可扩展之处，有待于今后进一步分析和完善，主要表现在以下几个方面：

（1）本书对产业结构与教育结构之间的相关性和演进规律、教育对就业和产业结构的推动作用进行了相关分析，但对于三者之间的联动和共变关系模型还有待于进一步研究，突破各变量研究的局限性，全面系统地揭示就业结构与产业结构，以及教育三个变量的协同演进规律是下一步的研究方向。

（2）对于就业结构和产业结构、教育与就业以及教育与产业之间的关系，本书仅限于研究变量间的相关关系及影响机制，并进行了单向分析，没有涉及变量间的反向关系以及互动机制的探索。互动机制将涉及更复杂的机理模型，有待于进一步深入挖掘。

（3）本书以全部受教育人群为研究对象，全面分析了各教育程度人数与就业结构以及产业结构的关系。随着中国高等教育大众化的发展，具有高等教育程度的人群对就业结构和产业结构的影响将更为显著。因此，面向高校毕业生就业的结构性难题，研究如何使高等教育主动适应产业结构调整的具体方法，揭示高等教育发展与产业结构之间的关系，也是下一步研究的难点和重点。

参考文献

[1] 陈桢．产业结构与就业结构关系失衡的实证分析［J］．山西财经大学学报，2007（10）：32-37.

[2] 陈大红．中国产业结构与就业结构的关联性研究［J］．当代经济，2007（3）：6-7.

[3] 蔡　．户籍制度改革与城乡社会福利制度统筹［J］．经济学动态，2010（10）：4-10.

[4] 蔡　，都阳，高文书．就业弹性、自然失业和宏观经济政策——为什么经济增长没有带来显性就业？［J］．经济研究，2004（9）：18-25.

[5] 蔡　，王美艳，曲玥．中国工业重新配置与劳动力流动趋势［J］．中国工业经济，2009（8）：5-15.

[6] 蔡　．中国劳动力市场发育及就业变化［J］．经济研究，2007（7）：4-14.

[7] 蔡　．为什么奥肯定律在中国失灵——再论经济增长与就业的关系［J］．宏观经济研究，2007（1）：11-14.

[8] 崔亮，艾冰．对产业结构与就业结构关系的探讨——以新疆为例［J］．财经问题研究，2008（6）：112-116.

[9] 陈万明，沈婷．高等教育结构与产业结构互动关系中的时滞性探究［J］．黑龙江高教研究，2012，30（1）：73-76.

[10] 陈钱敏．福建高等教育学科专业结构与产业结构，人口职业结构关系研究［D］．厦门：厦门大学，2008.

[11] 陈姣姣. 四川省高等教育结构与就业结构关系研究 [D]. 成都: 西南交通大学, 2011.

[12] 丁守海. 中国就业弹性究竟有多大? ——兼论金融危机对就业的滞后冲击 [J]. 管理世界, 2009 (5): 36-46.

[13] 丁继勇. 教育结构, 产业结构和就业结构的关系研究 [D]. 南京: 南京航空航天大学, 2007.

[14] 杜传忠, 刘忠京. 我国高等教育结构的战略性调整——基于产业结构升级的视角 [J]. 大学 (研究版), 2014 (9), 9-14.

[15] 奉莹. 中国就业结构演变及就业的产业结构发展趋势研究——基于人工神经网络的定量分析 [D]. 成都: 西南财经大学, 2009.

[16] 付凌晖. 产业结构高级化与经济增长关系的实证研究 [J]. 统计研究, 2010 (8): 79-81.

[17] 国家发改委宏观经济研究院课题组. 产业结构调整对中国就业的影响研究 [J]. 经济学动态, 2008 (6): 27-31.

[18] 干春晖, 余典范. 城市化与产业结构的战略性调整和升级 [J]. 上海财经大学学报, 2003 (8): 3-10.

[19] 干春晖, 郑若谷, 余典范. 中国产业结构变迁对经济增长和波动的影响 [J]. 经济研究, 2011, (5): 4-16.

[20] 郭克莎. 中国工业发展战略及其政策选择 [J]. 中国社会科学, 2004 (1): 30-41.

[21] 郭军, 刘瀑. 就业发展型经济增长的产业支撑背景研究 [J]. 中国工业经济, 2006 (5): 24-31.

[22] 郭克莎. 总量问题还是结构问题——产业结构偏差对我国经济增长的制约及调整思路 [J]. 经济研究, 1999 (9): 15-21.

[23] 郭继强, 郑程, 姜俪. 论教育-就业结构与就业-产业结构的双联动 [J]. 山东社会科学, 2014 (5): 2-13.

[24] 龚玉泉, 袁志刚. 中国经济增长与就业增长的非一致性及其形成机理 [J]. 经济学动态, 2002 (10): 35-39.

[25] 工业化与城市化协调研究课题组. 工业化与城市化关系的经济学分析 [J]. 中国社会科学, 2002 (2): 44-55.

[26] 何德旭, 姚战琪. 中国产业结构调整的效应、优化升级目标和政策措施 [J]. 中国工业经济, 2008 (5): 46-56.

[27] 胡华敏. 河南产业结构与就业结构的变化趋势研究 [J]. 河南社会科学, 2007 (9): 206-207.

[28] 胡秋阳. 中国劳动力投入增长及其产业结构变化的因素分析——与日本的

比较［EB/OL］.［2006-12-25］.http：//www.cenet.org.cn.
[29] 黄锟.深化户籍制度改革与农民工市民化［J］.城市发展研究，2009（2）：97-104.
[30] 金福子，崔松虎.对河北教育结构，产业结构，就业结构的相关性分析［J］.社科纵横（新理论版），2009（6）：4-13.
[31] 景跃军.战后美国产业结构演变研究［D］.长春：吉林大学，2004.
[32] 金碚，吕 ，李晓华.关于产业结构调整几个问题的探讨［J］.经济学动态，2010（8）：14-19.
[33] 赖德胜.高等教育扩展背景下的劳动力市场变革［J］.前线，2013（1）：37-40.
[34] 李晓明.产业转型升级与高职本科教育发展［J］.教育发展研究，2012（3）：18-23.
[35] 李彬.高校学科专业结构与大学生就业问题研究——以江苏省为例［J］.清华大学教育研究，2010（2）：96-102.
[36] 李雁玲.澳门产业结构与就业结构变动研究［D］.广州：暨南大学，2008.
[37] 李玉凤，高长元.黑龙江省就业结构变动与产业结构调整相互关系研究［J］.统计与决策，2008（4）：84-86.
[38] 李文星.产业结构优化与就业增长［J］.当代财经，2012（3）：14-24.
[39] 李艳.陕西省就业结构变动趋势及调整［J］.边疆经济与文化，2006（11）：38-40.
[40] 李钢，廖建辉，向奕霓.中国产业升级的方向与路径——中国第二产业占GDP的比例过高了吗［J］.中国工业经济，2011（10）：16-26.
[41] 李江帆，黄少军.世界第三产业与产业结构演变规律的分析［J］.经济理论与经济管理，2001（2）：31-33.
[42] 李文.城市化滞后的经济后果分析［J］.中国社会科学，2001（4）：64-75.
[43] 梁艳菊，梁平，黄娇梅.重庆市产业结构与就业结构的变动趋势研究［J］.科技和产业，2006（10）：5-10.
[44] 刘晓英.中国三次产业的发展对就业的影响研究［J］.湖南行政学院学报，2011（5）：41-44.
[45] 刘伟.产业结构与经济增长［J］.中国工业经济，2002（5）：14-21.
[46] 刘伟，张辉.中国经济增长中的产业结构变迁和技术进步［J］.经济研究，2008（11）：4-15.
[47] 刘崇仪.美国产业结构变动与服务业的发展［J］.世界经济研究，2007

(2): 20-23.

[48] 刘祯文. 内蒙古高等教育结构、产业结构、就业结构关系研究 [D]. 上海: 上海师范大学, 2014.

[49] 刘军丽. 中国三大产业就业结构与就业弹性的实证分析 [J]. 统计与决策, 2009 (9): 92-94.

[50] 陆铭, 欧海军. 高增长与低就业: 政府干预与就业弹性的经验研究 [J]. 世界经济, 2011 (12): 3-31.

[51] 陆铭, 向宽虎, 陈钊. 中国的城市化和城市体系调整: 基于文献的评论 [J]. 世界经济, 2011 (6): 3-25.

[52] 吴江, 封晓庆. 四川产业结构与就业结构的动态关系 [J]. 财经科学, 2006 (7): 102-109.

[53] 蒲艳萍. 产业结构变动对就业增长影响及国际比较 [J]. 现代财经, 2005 (2): 64-69.

[54] 彭尚平, 周俊丹, 陈玉梅. 城乡一体化背景下职业教育发展对策研究 [J]. 中国成人教育, 2010 (8): 16-17.

[55] 乔学斌, 姚文凡, 赵丁海. 互动与共变: 高等教育结构, 毕业生就业结构与产业结构相关性研究 [J]. 东南大学学报 (哲学社会科学版), 2013 (1): 4-30.

[56] 孙建, 周兵. 产业结构与就业结构相关性的SEM研究 [J]. 统计与决策, 2008 (11): 109-111.

[57] 孙红芹. 山东省产业结构与就业结构均衡性的实证研究 [J]. 经济论坛, 2009 (1): 74-76.

[58] 宋燕波. 大连市产业结构与就业结构变动关系研究 [D]. 大连: 大连理工大学, 2007.

[59] 王庆丰. 中国产业结构与就业结构整体协调性测度研究 [J]. 科技管理研究, 2009 (5): 112-114.

[60] 王忠平, 史常亮. 江苏省经济增长、产业结构变动与就业的动态关系研究 [J]. 农业技术经济, 2010 (11): 115-121.

[61] 王少国. 中国经济增长、产业结构升级对城镇就业的影响分析 [J]. 当代财经, 2005 (7): 76-85.

[62] 王美艳, 蔡 . 户籍制度改革的历程与展望 [J]. 广东社会科学, 2008 (6): 19-26.

[63] 夏杰长. 中国劳动就业结构与产业结构的偏差 [J]. 中国工业经济, 2000 (1): 36-40.

[64] 徐向东. 广东省产业结构与就业结构演进特征与互动效率研究 [J]. 学术

研究，2009（5）：90-96.

[65] 徐广军，张汉鹏．美国产业演进模式与我国产业结构升级［J］．经济与管理究，2010（7）：65-68.

[66] 徐朝阳，林毅夫．发展战略与经济增长［J］．中国社会科学，2010（3）：94-108.

[67] 许洪芳．山东高等教育学科结构调整研究——基于产业结构演进的视角［D］．济南：山东财经大学，2014.

[68] 文玉春．我国高等教育结构与就业结构关系研究［J］．内蒙古财经学院学报，2008（5）：9-13.

[69] 姚战琪，夏杰长．资本深化、技术进步对中国就业效应的经验分析［J］．世界经济，2005（1）：58-67.

[70] 张建武，宋国庆．产业结构与就业结构的互动关系及其政策含义［J］．经济与管理研究，2005（1）：19-22.

[71] 张红宇．就业结构调整与中国农村劳动力的充分就业［J］．农业经济问题，2003（7）：10-15.

[72] 张红梅，蒋中挺．产业结构与就业结构相关性的实证分析——以江苏省为例［J］．国土与自然资源研究，2008（3）：18-19.

[73] 张梅，陈喜强．CAFTA进程中粤、桂、云、琼四省区产业结构与就业结构协调问题研究［J］．经济问题探索，2009（6）：30-34.

[74] 张军．改革以来中国资本形成与经济增长：一些发现及其解释［J］．世界经济文汇，2002（1）：21-27.

[75] 张车伟，蔡　．就业弹性的变化趋势研究［J］．中国工业经济，2002（5）：22-30.

[76] 张守一．美国产业与就业结构变化［J］．数量经济技术经济研究，1989（7）：14-16.

[77] 赵杨，刘延平．国产业结构与就业结构的关联性分析［J］．经济学动态，2010（12）：80-83.

[78] 朱轶，熊思敏．技术进步、产业结构变动对中国就业效应的经验研究［J］．技术经济数量经济研究，2009（5）：107-119.

[79] 周建安．中国产业结构升级与就业问题的灰色关联分析［J］．财经理论与实践，2006（9）：94-98.

[80] ABDULLAHI S A.Rethinking global education in the twenty-first century［M］. New York：Springer Netherlands，2010：23-34.

[81] ADOM P K，BEKOE W，AMUAKWA-MENSAH F，et al.Carbon dioxide emissions，economic growth，industrial structure，and technical

efficiency: Empirical evidence from Ghana, Senegal, and Morocco on the causal dynamics [J]. Energy, 2012, 47 (1): 314-325.

[82] ALTBACH, GUMPORT, BERDAHL. American higher education in the twenty-first century: Social, political, and economic challenges [M]. Baltimore: JHU Press, 2011.

[83] ANTONELLI C. The economics of innovation, new technologies and structural change [M]. Routledge, 2014.

[84] ANTZOULATOS A A, APERGIS N, TSOUMAS C. Financial structure and industrial structure [J]. Bulletin of Economic Research, 2011, 63 (2): 109-139.

[85] APPLE M W. Education and power [M]. Routledge, 2013.

[86] ARUM R, BEATTIE I R, FORD K. The structure of schooling: readings in the sociology of education [M]. Pine Forge Press, 2010.

[87] ASHTON W S. The structure, function, and evolution of a regional industrial ecosystem [J]. Journal of Industrial Ecology, 2009, 13 (2): 228-246.

[88] BARRO R J. Education and economic growth [J]. Harvard University, 2000.

[89] BOLLEN K A. Structural equations with latent variables [M]. John Wiley & Sons, 2014.

[90] BROCK J. The structure of American industry [M]. Waveland Press, 2013.

[91] BROWN P. The opportunity trap: education and employment in a global economy [J]. European Educational Research Journal, 2003, 2 (1): 141-179.

[92] BRUNER J S. The process of education [M]. Cambridge: Harvard University Press, 2009.

[93] BUERA F J, KABOSKI J P. Can traditional theories of structural change fit the data? [J]. Journal of the European Economic Association, 2009, 7 (23): 469-477.

[94] CARLSSON B. The evolution of manufacturing technology and its impact on industrial structure: an international study [J]. Small Business Economics, 1989, 1 (1): 21-37.

[95] CAMISÓN C, VILLAR-LÓPEZ A. On how firms located in an industrial district profit from knowledge spillovers: adoption of an organic

structure and innovation capabilities [J]. British Journal of Management, 2012, 23 (3): 361-382.
[96] CAROLINA.The relative weight of manufacturing and services in Europe: an innovation perspective technological forecasting and social change [M].2000, 76 (1): 709-722.
[97] CUMMINGS W K. Education and equality in Japan [M]. Princeton: Princeton University Press, 2014.
[98] WITT H. Internationalization of higher education in the United States of America and Europe [M]. IAP, 2009.
[99] DUKKIPATI U. Higher education in India: sustaining long term growth [J]. South Asia Monitor, 2010, 141 (1).
[100] FAGERBERG J. Technological progress, structural change and productivity growth: a comparative study [J]. Structural Change and Economic Dynamics, 2000, 11 (4): 393-411.
[101] FÄGERLIND I, SAHA L J. Education and national development: a comparative perspective [M]. Netherlands: Elsevier, 2014.
[102] GILBERT D.The American class structure in an age of growing inequality [M]. SAGE Publications, 2014.
[103] GOOS M, MANNING A.Lousy and lovely jobs: the rising polarization of work in Britain [J]. The Review of Economics and Statistics, 2007, 89 (1): 118-133.
[104] GREENWALD B, STIGLITZ J E. Industrial policies, the creation of a learning society, and economic development [J]. The Industrial Policy Revolution I: The Role of Government Beyond Ideology, IEA Series, Palgrave, MacMillan, 2013: 43-71.
[105] GUPTA D, GUPTA N. Higher education in India: structure, statistics and challenges [J]. Journal of Education and Practice, 2012, 3 (2): 17-24.
[106] HANUSHEK E A, WOESSMANN L, JAMISON E A, et al. Education and economic growth [J]. Education Next, 2008, 8 (2): 25-36.
[107] HARTOG J. Over-education and earnings: where are we, where should we go? [J]. Economics of education review, 2000, 19 (2): 131-147.
[108] HODSON R.Workers´ earnings and corporate economic structure [M]. Cambridge: Academic Press, 2014.

[109] HOLLANDERS H, TER WEEL B.Technology, knowledge spillovers and changes in employment structure: evidence from six OECD countries [J]. Labour Economics, 2002, 9 (5): 579-599.

[110] OZAKI.Industrial structure and employment-the experiences in Japanese economic development [J] .The Developing Economics, 1975, 25 (3): 341-365.

[111] JACKSON C K.Match quality, worker productivity, and worker mobility: Direct evidence from teachers [J]. Review of Economics and Statistics, 2013, 95 (4): 1096-1116.

[112] JAKOBI A P, Rusconi A. Lifelong learning in the Bologna process: European developments in higher education [J]. Compare, 2009, 39 (1): 51-65.

[113] JIN K. Industrial structure and capital flows [J] . The American Economic Review, 2012, 102 (5): 2111-2146.

[114] JORGENSON D W, TIMMER M P. Structural change in advanced nations: a new set of stylised facts [J]. The Scandinavian Journal of Economics, 2011, 113 (1): 1-29.

[115] KALLEBERG A L, BERG I. Work and industry: structures, markets, and processes [M]. Springer Science & Business Media, 2013.

[116] KALLEBERG A L. Precarious work, insecure workers: employment relations in transition [J]. American Sociological Review, 2009, 74 (1): 1-22.

[117] KAISER, FRANS, et al. Higher education policy: an international comparative perspective [M]. Amsterdam: Elsevier, 2014.

[118] KINUTHIA W. Educational development in Kenya and the role of information and communication technology [J]. International Journal of Education and Development using ICT, 2009, 5 (2).

[119] KIRKPATRICK C, LEE N, NIXSON F. Industrial structure and policy in less developed countries [M]. London: Routledge, 2012.

[120] KWIEK M. From system expansion to system contraction: Access to higher education in Poland [J]. Comparative Education Review, 2013, 57 (3): 553-576.

[121] LIN J Y. New structural economics: a framework for rethinking development and policy [M]. World Bank Publications, 2012.

[122] LORENZ E, LUNDVALL B Å. Accounting for creativity in the European

Union: a multi-level analysis of individual competence, labour market structure, and systems of education and training [J]. Cambridge Journal of Economics, 2011, 35 (2): 269-294.

[123] MCMILLAN J H, SCHUMACHER S.Research in education: evidence-based inquiry [M]. Pearson Higher Ed, 2014.

[124] MONTOBBIO F.An evolutionary model of industrial growth and structural change [J]. Structural Change and Economic Dynamics, 2002, 13 (4): 387-414.

[125] MURAKAMI N. Changes in Japanese industrial structure and urbanization: evidence f rom prefectural data [J]. Journal of the Asia Pacific Economy, 2015, 20 (3): 385-403.

[126] NELSON R R, SCHULTZ T P, SLIGHTON R L.Structural change in a developing economy: colombia's problems and prospects [M]. Princeton: Princeton University Press, 2015.

[127] OLIVE T.Desire for higher education in first-generation Hispanic college students enrolled in an academic support program: a phenomenological analysis [J]. Journal of Phenomenological Psychology, 2008, 39 (1): 81-110.

[128] PENEDER M.Industrial structure and aggregate growth [J]. Structural Change and Economic Dynamics, 2003, 14 (4): 427-448.

[129] RIZVI F, LINGARD B. Globalizing education policy [M]. London: Routledge, 2009.

[130] RYAN M. Improving reflective writing in higher education: a social semiotic perspective [J]. Teaching in Higher Education, 2011, 16 (1): 99-111.

[131] SELLAR S, GALE T.Mobility, aspiration, voice: a new structure of feeling for student equity in higher education [J]. Critical Studies in Education, 2011, 52 (2): 115-134.

[132] SIEMENS G, WELLER M.Higher education and the promises and perils of social network [J]. Revista De Universidad Sociedad Del Conocimiento (RUSC), 2011, 8 (1): 164-170.

[133] SPITZ-OENER A.Technical change, job tasks, and rising educational demands: looking outside the wage structure [J]. Journal of Labor Economics, 2006, 24 (2): 235-270.

[134] STIGLITZ J E, LIN J Y, MONGA C.The rejuvenation of industrial policy

[J]. World Bank Policy Research Working Paper, 2013 (6628).

[135] TAKAYA K. Jerome Bruner's theory of education: from early Bruner to later Bruner [J]. Interchange, 2008, 39 (1): 1-19.

[136] TIMMER M P, DE VRIES G J. Structural change and growth accelerations in Asia and Latin America: a new sectoral data set [J]. Cliometrica, 2009, 3 (2): 165-190.

[137] WILLIAMS L J, VANDENBERG R J, EDWARDS J R. 12 structural equation modeling in management research: a guide for improved analysis [J]. The Academy of Management Annals, 2009, 3 (1): 543-604.

[138] WRIGHT G. The origins of American industrial success, 1879-1940 [J]. The American Economic Review, 1990: 651-668.

[139] ZABALEGUI A, CABRERA E. New nursing education structure in Spain [J]. Nurse Education Today, 2009, 29 (5): 500-504.

[140] ZHENG Y, QI Z. Variation analysis of energy industrial structure, competitiveness disparities and total factor productivity: Based on the empirical research of china's province data from 2000 to 2009 [J]. AISS: Advances in Information Sciences and Service Sciences, 2011, 3 (9): 347-359.

索引